自分の機嫌は「色」でとる

七江亜紀
Nanae Aki

Discover

はじめに

ダイエット本や美容本に必ずと言っていいほど書いてあるフレーズがあります。それは「見た目が大事」だというもの。私もこれまでの著書に、何度となく書いてきました。しかし、何か胸につかえるものがありました。

カラーキュレーター®として、これまで25年以上、個人や企業へのカラーコンサルティングをおこなっていますが、たくさんの方から悩みをお聞きしていくうちに、気づいたことがあります。それは見た目ではなく見る目、つまり他人からの目より、「自分が見る、自分の目」こそが一番大切だということです。

コロナ禍になって、家にいる時間が長くなった人が多いかと思います。ウインドウショッピングも、友人とのごはんも、趣味の旅行も、なかなか気軽に行くことができません。目に入るのは代わり映えのない部屋と、スマホやＰＣのモニター、そして、自分自身。

気分転換が難しい状況だからこそ、身のまわりに変化をつけて自分の「見る目」を楽しませることが、とても大切だと思うのです。そして、その楽しむためのツールとして「色」を使いこなして欲しいのです。色はとても身近にあって、気軽に気持ちを変えられます。

この本では、「自分の目」を尊重するための色選び、自分の悩みや憂うつな気持ちを底上げできるような色の取り入れ方を紹介していきます。

ビデオ通話をするときに、画面に映らないからと着古したスウェットパンツを履くのか、鮮やかな色のスカートを履くのか。家から出ないからといって１日中スッピンでいるのか、勇気が出なかったカラーメイクを試してみるのか。どちらのほうがワクワクしますか？

「誰にも会わないから、まあいっか」をやめて、ちょっとだけ自分の気持ちを上げる行動を選んでみませんか。まわりの目を気にしなくていいからこそ、自分がとびきりごきげんになれる色を身につけるチャンスです。

マスクをしてしまえばスッピンでOK！　というのも十分ありですが、このまたとない機会を利用しないのはもったいない！　もし面倒だから隠せばいいという考えを持っている人がいたら、それは一旦捨てましょう。「自分が心地よいのだからスッピンでいいのでは？」という意見も大いにわかります。ですが、よく考えてみて。

「楽だから」というだけの理由なら、自分をおざなりに見ている、自分をその程度だと評価している、自分をかわいがってあげていない、放置しているのと同じ、ではないでしょうか。

日常が退屈なら、いつもと違った自分になりましょう。おでかけの機会が減って、ばっちりメイクをして着飾ることも少なくなったかもしれません。でも、ワクワクするできごとがないから、楽しくないのではありません。自分の目を楽しませれば、日常もワクワクにあふれていきます。

さて、意識を少し整えたところで、本題に入っていきたいと思います。

　Ｐａｒｔ１では「自分のために色を選ぶこと」とはどのようなことか、どんな楽しいことが待っているのか、説明していきます。

　Ｐａｒｔ２ではマイナスな状態をプラスにするために、Ｐａｒｔ３では今の自分をもっと輝かせるために、何色を使うとよいのかお伝えします。また、その色をどのように取り入れるとよいのか、「身につける」「食べる」「場所を整える」の３つに分けて、アイディアを紹介します。

「色を取り入れる」と聞くと、どうしても洋服やコスメばかり意識してしまうかもしれません。でも色の取り入れ方は文字通り「いろいろ」です。食べ物からタオルの色、散歩道の花々まで、これまで意識していなかったものでも、新しい視点で楽しむことができます。

　この本をバイブルにして、いつでもどこでも、自分で自分の機嫌をとってあげてください。そして毎日をカラフルライフにしていってもらえたら、嬉しいです。

contents

Part 1

自分のための色選びで、ごきげんに生きる

はじめに　2

自由に色を選ぶことは、自分を大切にすること　12

思っているよりずっと、私たちのまわりには色があふれている　17

自分らしい色と意外な色で新しい世界に出合う　22

色で人生を変える　28

Part 2

色を味方にして
自分を取り戻す

些細なことで
くよくよするときは、
豊かな自然を感じる
グリーンとブラウンを
32

イライラしてしまうときには、
ベージュで癒しをおぎなう
40

他人に振りまわされやすい人は、
パープルとオレンジで
自分の思いを伝える
48

頭の中がぐちゃぐちゃ
しているときには、
ブルー＆ホワイトの
世界に身を置く
56

緊張する場面こそ、
誇り高く「女優」になれる
レッド＆ゴールド・シルバー
64

やることが多くて
焦ってしまうときは、
ティファニーブルーでリラックス
72

お疲れ気味で
ニコニコできない日には
太陽のようなオレンジを
80

Part 3

色の力を借りて
もっと輝く自分になる

自分を甘やかしたいときには、
ピンクとグレーで包み込む
90

やる気をアップしたいときには、
赤でエネルギーチャージ
98

ひらめき力アップには、
ユニークな黄色を楽しむ
106

まわりの人に
やさしくなりたいときには、
ピンクとミルクティー色で
穏やかに
114

信頼されたい場面では、
紺色で潔く　122

今よりもっとキレイになるために、
トーン別ピンクを探求する　130

ワンランク上の
自分になりたいなら、
品格を醸し出すロイヤルブルー　138

おわりに　146

Part 1

自分のための
色選びで、
ごきげんに
生きる

自由に色を選ぶことは、自分を大切にすること

あなたは何色が好きですか？　今、何色の服を着ていますか？　どうしてその色を選んだのでしょうか？

私がこの本で伝えたいのは、「色の力で自分の気持ちを盛り上げ、ごきげんになりましょう」ということです。自分のためにとっておきの色を選ぶと、人生はもっと楽しくなります。

誰かのための色選びも大切ですが、まずは今あなたが色を選ぶときの判断基準について、立ち止まって考えてみましょう。

「自分のための色」を、選べているでしょうか。

自分のための色と聞いていちばんに思い浮かぶのは、肌馴染みのいい色を春夏

秋冬に分けるパーソナルカラーでしょうか。

パーソナルカラーは大人になって身についた色ではなく、生まれ持った色（髪・瞳・肌）と調和する色です。そんな自分の個性を活かした色と真剣に向き合い、ファッションやメイクに取り入れることができれば、それはとても素敵なことですよね。

これまで「似合う色を知りたい！」「もっと綺麗になりたい！」という女性たちに、パーソナルカラー分析を何度となく施してきました。そして似合う色の素晴らしさと同時に、「色そのものが元気を与えてくれる存在なんだ」ということもお伝えしてきました。

パーソナルカラーを知ると、みなさん大抵「目から鱗」状態になります。私自身、パーソナルカラーと出合って劇的な変化を体験した張本人なので、みなさんの驚きの反応には「うんうん、だよね！」と強く共感します。周囲から「肌が綺麗になったね」「若返ったね」等と言った、外見的な評価に著しく変化が生じてくると、教える立場でありながらも驚きを隠せませんでした。

でも、それより何より驚いたのは心の在り方の変化でした。ブレやすかった気持ちが、簡単なことで動じない、ブレない自分として生まれ変わっていったのです。この感動を一人でも多くの人に伝えていけたら……そう思って色活動を続けています。

しかし、中にはとことんパーソナルカラーを突き詰めてしまい、次第に「この色じゃなきゃだめ」「もう怖くてパーソナルカラー以外着られない」と自分の首を絞め、気づいたときにはパーソナルカラーの呪縛から抜けられなくなってしまう人を大勢見てきました。

もっとあっけらかんとして「へ～」「ふ～ん」「そんな考えもあるんだね！　楽しいかも！」くらいの軽い感覚で受け止められると、もっと自由に色を楽しめるのかもしれませんが、どうにもこうにも色というのは私たちの心をかき乱す特徴がある、神秘的な存在なのです。

パーソナルカラーで気持ちが上がるのであれば、それは素敵なことです。でもちょっと窮屈になってしまっているのなら、いつまでもしがみついている必要などありません。確かに似合う色はすごいです。ですが苦しくなったのなら、それはお休みしなさいという合図です。

パーソナルカラーを知らなくても焦ることはないですし、興味がないのに手を出す必要もありません。私のまわりにも、パーソナルカラーを知らない人はたくさんいます。捉え方は人それぞれ自由です。

色を選ぶときの呪縛になっているのは、パーソナルカラーだけではありません。「年相応」という判断基準も、自分のための色選びを阻む言葉です。

「30代になったから落ち着いた色を着よう」と自分でストップをかけてしまったり、「もういい歳なんだから、いつまでも若い子と同じような格好してないで、年齢にあった服装をしたら？」なんて言葉を身内から言われてしまったり。

ここでハッキリ申し上げます。昔も今も、年齢に合った色など存在しません。「年相応の色」なんて言葉を耳にしたら、すぐさまその場を立ち去って、それよりもっとワクワクするようなことに、積極的に目を向けていきましょう。

年齢など微塵も感じさせず若い頃と同じように明るい色を着てイキイキと街を歩いている50～60代の方を見かけると「うん、これこれ！」「すごくいいと思う！」と心の中で呟いている自分がいます。しかもそういった方々は背筋がピンと伸びて立ち振る舞いもとても美しく、一人の人間として魅力的なオーラを発しているのです。

私たちは、年齢や性別、そして肌や目の色などに振りまわされず、もっと自分の気持ちに素直になって、色やファッションを自由に選んでいいのです。人生はこれからです。何歳になっても、自分らしさを楽しめばいいのです。私も若いときより今の方がずっとずっと、色を存分に楽しんでいます。

「〝似合う色〟や〝年相応の色〟に縛られなくてよいこと」
「色にはそれぞれ心に作用する効果があるということ」
「場面や気分に合わせて、使いこなせるということ」

それを知っているだけで、十分すぎるくらい素敵です。

誰かの価値観ではなく、自由に色を選ぶことの価値について、いま一度考えてみましょう。ありのままの自分でいいのです。そう受け入れることで、どんどん自分を大切にできるようになります。自分自身を好きになれたら、あなたの魅力は自然にまわりの人にも伝わっていくはずです。

思っているよりずっと、私たちのまわりには色があふれている

色の楽しみ方は身につけるだけではありません。色というと、ファッションやメイクに自然と結びつけてしまう方が多いと思いますが、今あなたの目にうつっている半径5メートルの空間こそ、色を楽しめる宝庫なのです。

では早速、あなたの身のまわりで色を探してみてください。ここでは敢えて洋服やアクセサリーではなく、キッチンに目を向けてみましょう。ランチョンマットやコースター、お皿やお鍋……どんな色が広がっていますか？　自分のお気に入りと思える品をちょこちょこっと並べてみてください。するとどうでしょう。自分がこれまで色とどんなお付き合いをしてきたかが垣間見えませんか？

家の中でも、キッチンはとてもパーソナルな場所です。だからこそ色が与える影響は大きく、ちょっとした道具の色にもこだわってもらいたいのです。もちろんファッションやメイクも色と深い関わりがあります。ですが、おしゃれをいつまでも楽しむためには、健康で元気に暮らしていくことが基本。そのためには食事は大切な習慣です。そして食事をする場所、食事をつくる場所の色づかいは、同じくらい大切な要素なのです。

　コロナになっておうち時間が増えた人も多いと思います。だからこそ、家の中で色を楽しむことに取り組んでみて欲しいのです。とりわけ食事については、食材に色がついていることもあって、色慣れしていない人も練習になります。

　私は仕事で出られないときや外出を控えたい時期以外は、できるだけ毎日スーパーに行き、新鮮な食材を買うようにしています。理由は、新鮮な野菜の色を目に焼きつけたいからです。新鮮な野菜はハリツヤがあると同時に色が濃く、みずみずしく生き生きとしています。

　さらに野菜や果物を直接見て季節を感じることも欠かせません。夏のトマトと冬のトマトでは、味はもちろん、色味も違います。ジャガイモひとつとっても、男爵いもと新じゃがでは見た目の色が全然違いますよね。

こうした食材の天然色から日本の四季を感じ取ることができたら、いつもどおりの毎日にも変化が訪れて、心が豊かになっていきます。

季節にあった食材を手に入れたあとは、料理を盛りつける器や皿にもこだわってみましょう。改めて自宅の食器棚を見直してみてください。引き出物や景品でもらった、あまり気に入っていない器を無意識にヘビロテしているなど、自分の意思で選んだものではなく、「他人が選んだ色」を多用していることもあるかもしれません。

食器だけではなく、鍋やホットプレートなどといった調理道具も、よく見てみると、色がバラバラで統一性がないことに気づくかもしれません。

「食事」は生きるために欠かせない、頻度の高い習慣です。まずは夜ごはんだけでも、「自分が選んだ」と心から思える色の食材や食器を取り入れてみましょう。なんとなく食べるよりも、きっと楽しい時間になるはずです。

ずっと家にいて、疲れてしまうこともありますよね。整理整頓する気力もなく散らかり放題だと、あちこちから色が視界に入ってきて、疲れがさらに悪化するなんてことも。そんなときは、思い切って目線を外に向け、自然の色を観察するようにしてみてください。

散歩に出るのもいいですね。道端につくられている花壇をじっくり眺めてみたり、お庭が素敵なお宅の前を通ってみたり、公園の緑を見てみたり。これらは立派な色習慣です。

気持ちに余裕が出てきたら、「季節ごとの色」を自然から味わってみるのもおすすめです。春の緑と秋の緑では、見た目も感じ方も違いますよね。春は散歩しているだけで肌が潤うような、みずみずしくて色の濃い、新緑と言われる緑。秋は葉が枯れて色が褪せ、シックな緑です。発色も落ち着いて見えますよね。自然の色は刻々と変化していきます。二つとして同じ色などないからこそ、自然との出合いは一つひとつ大切にし、脳裏に焼きつけておくといいでしょう。

近くに自然の色がないときは、空を見上げて色を楽しんでみてください。朝の空、昼の空、そして夜空と何段階にも分かれている空の青は、それはそれは神秘的で、心を揺さぶられます。

色を楽しむ場所は、無限大です。「色」というフィルターを通して意識的に見た世界と、フィルター無しでなんとなく見る世界とでは、１８０度色幅が違います。人工的な色もあれば自然がつくり出した色もあって、考えている以上に色は身のまわりにあふれているのです。

色のおもしろさに気づくと、毎日がワクワクでいっぱいです。デパートで洋服を買うときに色を選ぶように、スーパーで食材を買うときにも色を意識してみてください。ご近所のスーパーや商店街を、色を楽しむ宝庫にしてみるのもなかなかおもしろいですよ。

これまでの本でも何度となくお伝えしてきていますが、色はあなたの人生のパートナーです。それくらいあなたの身近にあって、とても頼れる存在だということを、ぜひ知ってもらえたら嬉しいです。

自分らしい色と意外な色で新しい世界に出合う

毎日同じような生活を繰り返して、淡々と時間が過ぎていくことに戸惑いや焦りを感じることって、誰しもありますよね。特に大きな不満がなかったとしても、「このままで本当にいいのかな?」なんて停滞感を抱いたりもして。

もし、ワクワクするようなものに出合いたい、新しいことにチャレンジしてみたいと思っているとしたら、身につけている「色」から変えてみてください。


新しい洋服や靴を買うとき、どんな理由で色を選びますか?

お客様からの相談で断トツ多いのが、「いつも同じ色、無難な色を買ってしまう」というものでした。「今日こそ新しい色を買おう!」とワクワクしながらデパートに足を運んでも、結局いつもと同じ、似たような色のものを買ってしまうのだそうです。

それは好きな色なのか伺うと、「もちろん嫌いではないけれど、好きかどうかはわからない」というのです。「無難だから」「合わせやすいから」という理由で買う人が、じつに多いことがわかります。

無難な色、合わせやすい色という決め方も、決して悪いことではありません。ですが言葉のとおり「無難＝普通」です。「何か楽しいことがないかな？」と思っているなら、いつもと違う色を選んでみましょう。勇気がいるかもしれませんが、鏡に映る自分の姿の新鮮さに、きっと楽しい気持ちが湧いてきます。


一方で、「好きな色ばかりを身につけてしまう」という方もいます。

たとえば、とにかくピンクが大好きで、ピンクの服にピンクのバッグ、さらには部屋もピンク尽くし。特定の色に好きという感情を持てるのはとても素敵なことですが、いつも、すべて、好きな色で染め上げるのはいかがでしょうか。

好きな色というのは、「好きなケーキ」「好きなドリンク」「好きなスポーツ」といった趣味嗜好と同じです。いくら好きでも、ショートケーキは毎日食べるでしょうか。テニス好きの人は服や小物までテニスのグッズで揃えているでしょうか。これでは生活に偏りが出てしまいますよね。同じ色ばかり選んでいては、いつもと同じ毎日になってしまいます。もっと言えば、それは一種の執着とも言えます。その色がないと生きていけない、と言うと少し大げさではありますが、行き過ぎるとそれくらい人を惹きつける力があるのが「好きな色の存在」です。

好きな色ばかりで充実させていると、最初は幸せですが、必ずいつか違和感を抱くようになります。そのとき、次に何色を手にしたらいいかわからなくなってしまうのです。

少しでも色を楽しんでみたいという思いがあるならば、せっかくですもの、今すぐチャレンジしてみましょう。

まずは色を上手に使っている人を観察してみてください。身近にいる友人や家族でもいいですが、街に出かけたときにカフェで人間観察をするのもおすすめです。綺麗な色をうまく着こなし、颯爽と歩いている人を見たら、こちらまで幸せな気持ちになりますよね。色をたくさん使える人というのは、いろんな幸せを感じ取れる人。ちょっと専門的な話になりますが、太陽光や電球の白い光は、プリズムを通して屈折させると虹のような色の帯に分かれます。つまり多数の色を混ぜることで、世界をキラキラと照らしているのです。

たくさんの色を使いこなせば、ろうそくのようなやわらかな光から晴れた日の眩しいくらいの明るい光まで、様々な光で身のまわりを明るく照らし、幸せを見つけられるようになるのです。

そして色に敏感になって、新しい色を取り込んでいけば、新しい自分と出会えることはもちろん、これまで話したこともなかったような人と出会ったりと、素敵な出会いが増えてきます。

これまでまったく興味がなかった相手でも、自分が身につけているのと同じ色を身につけていたら、それだけで興味が湧いていきます。「なんでその色なのかな？」と。色の共感というのは、人と人を引き合わせることができるのです。

いきなりたくさんの色を取り入れようなんて考える必要はありません。できるところから、少しずつで構いません。

ファッションに取り入れるのに勇気がいるのなら、インテリアやキッチンの小物に取り入れてもいいですし、まずは色に慣れていく色習慣を小さくでもスタートさせてみてください。

ひとつチャレンジしたら新しい出会いがある。そんな気持ちで、ワクワクしながら色を取り入れてみましょう。人の目を気にして色を選んでいると、いつまでも自分らしく生きることができません。別にスターになる必要もないのですから、自分らしく過ごせるのがいちばん幸せです。色を取り入れたり、色を手放したり、こうした繰り返しを重ねていった先に、幸せの連鎖が待っています。

誰かを幸せにしたかったら、自分自身が幸せになること。誰かに愛されたかったら、自分自身を愛すること。もし今の自分を心から大切にできていないなら、表現できていない自分らしさが隠れているのかもしれません。

色の受け取り方は、そのときの気持ちや環境によってコロコロ変わります。これまで苦手だった色が勇気や癒しを与えてくれることもありますし、その逆も然りです。オールマイティな色はありません。だからおもしろいのです。

自分の中の決めつけをいったん白紙に戻して、色を取り入れることを楽しんでみませんか。私たちは、色の力を借りればもっと可能性を広げられます。色に抱いている印象を自分の中でキャラクター化してなりきってみると、新しい自分の魅力に気づくことができるはずです。昨日は赤の人、今日は緑の人、明日は白の人……なんだかワクワクしてきませんか?

色で人生を変える

ここまで、色を感じて、取り入れることの楽しさをお話ししてきましたが、具体的な取り入れ方をお話しする前に、ひとつ気をつけてほしいことがあります。

それは、私たちは無意識に色から影響を受け、色によって気分も体調も変わってしまうということ。


たとえば、朝から気持ちがスッキリしない日。服をあれこれ選ぶ気力もなく、気づいたら無意識に黒い服に手を伸ばしていることはありませんか？ それを着てなんとか会社に行ったものの、同僚や先輩からは、「なんか顔色悪いよ」と追い打ちをかけられるように心配され、朝より落ち込みが強くなってしまった。

たとえば、大好きな色のネイル。ここでは赤としましょう。いつもならテンションが上がるのに、今日はなんだか手元の赤が気になって仕方がない。仕事中も妙に落ち着かないし、しまいにはこの色に耐えられなくなり「今すぐ塗り替えたい！」という気持ちで頭がいっぱいになってしまった。

このように、選んだ色が自分の思いとは正反対に作用してしまうこともあるのです。

他にも、真っ白な病院に行って緊張が止まらなくなってしまったけど、優しいピンクで覆われた婦人科ではホッとリラックスできた、なんて経験はありませんか？　白という色は純粋でまっさらで、クリーンな色。気持ちもリセットされやすい色です。しかし体調が悪いときや大事な場面では、そんなまっさらな色が時として緊張感を与えてしまうことがあります。病院のようなドキドキする場所では、なおさらマイナスに動いてしまいやすいのです。白の代わりにピンクを使った婦人科は、こうした緊張感をピンクの優しさと包容力が静かにほどいてくれたのです。

ここで挙げた事例のように、私たちは知らず知らずのうちに、色の効果に影響を受けていたのです。でも、ちょっと考えてみてください。それならば、逆にこちらから色の効果を利用してしまえばいいですよね。気づかないうちに色に引っ張られる人生はそろそろ終わりにし、自分から色を動かしていく。そんな毎日を過ごせたら、人生はもっと思いどおりになることでしょう。

次の章からは、さまざまな状況で効果的に色を使うためのアイディアを紹介していきます。小さな悩みから大きな悩みまで、色を上手に使って解決していきたいですね。

Part 2

色を味方にして
自分を取り戻す

些細なことで
くよくよするときは、
豊かな自然を感じる
グリーンとブラウンを

誰にでも、落ち込んでしまうことはあります。人から見たら些細なことでも、自分にとってはどうしても無視できないような問題、ありますよね。自分に自信がないときの落ち込みは、誰かが解決してくれることではないから厄介なのです。

自信をなくして自分の軸が揺らぐようなときには、大地のようなブラウンのアイテムを迎え入れてみましょう。どしんと構えたブラウンが側にあることで、乱れた気持ちが少しずつ落ち着いてくるはずです。リビングに手触りのいいラグを敷いたり、毎日手にする手帳カバーをブラウンに変えたりしてもいいですね。

いつまで経っても正解が見つからず、くよくよし続けている自分がいたら、グリーンの力を借りるのもおすすめです。グリーンは揺れ動く不安定な気持ちをニュートラルな状態に戻してくれる色です。

ブラウンもグリーンも、豊かな自然を感じる色。春の時季なら明るいグリーンやライトブラウンを、秋の時季なら深みのあるグリーンや濃いめのブラウンを、気持ちが上がるお洒落アイテムに取り入れてみてください。

身につける

ブラウンはどんな色にも合わせやすい定番色なので、お洋服やファッション小物、コスメなど、たくさんお持ちなのではないでしょうか。普段は「リップの色を立たせるために、アイシャドウは茶系にしよう」と、脇役になりがちなので、落ち込んでいるときこそ茶色を主役にして組み合わせてみてください。

Scene 1

レタスグリーンのような明るい緑のスカートは、心を晴れやかに落ち着かせてくれます。洋服で取り入れるのが難しければ、綺麗なエメラルドグリーンのヒールで、足元から緑の力を借りて。

Scene 2

落ち着いたブラウンのアイメイクは、鏡を見るたびに自分を落ち着かせてくれます。アイライナーやアイシャドウの色味をいつもより少し深い色に。リップをブラウン系にするのも素敵ですね。

Scene 3

くよくよしてしまうときに持ち歩きたいのは、安心感をもらえる茶色のバッグ。大地の色を側に置いておけば、「なんとかなる」と大きな心を取り戻せるはず。

食べる

先ほども申し上げたとおり、グリーンとブラウンは自然の色。野菜や木の実など、スーパーにもたくさんあふれています。一つひとつ眺めて、色味が強いものを選びましょう。落ち込んだときこそ、少し手の込んだ料理をすれば達成感が得られて元気が出ます。

Scene 1

緑や黄緑がたっぷりのグリーンサラダで新鮮な素材の味を噛み締めましょう。リーフレタスやクレソン、ルッコラなんかもいいですね。旬の野菜から力をもらいましょう。

Scene 2

落ち着いた茶色の琺瑯鍋で、ことこと煮込み料理はいかがでしょうか。あたたかい湯気を感じながら、ほろりと煮込まれた素材を口に入れたら、優しく力強いエネルギーをチャージできます。

Scene 3

おやつには、高級なチョコをちょこっと。時間に余裕がある休日なら、オートミールとくるみのクッキーを焼いてみても。

場所を整える

落ち込みやすい人は、ナチュラルインテリアのお部屋がおすすめです。木の手触りが残る無垢材の家具は、特に気持ちを落ち着かせてくれます。もちろん植物やお花を育ててもOK。土や木などに触れる習慣があれば、日常的に気持ちをボトムアップしてくれます。

Scene 1

落ち込んだときには、森林を思わせるような入浴剤を入れてゆっくりお風呂に入りましょう。ひのきや松などの木のほか、ユーカリやサンダルウッドなどのハーブ系も癒されます。

Scene 2

クッションカバーやラグを緑のものにすると、お部屋がより一層安心する空間になります。普段から落ち込みやすいのであれば、思い切ってカーテンを綺麗な緑にしてもOK。

Scene 3

小さな雑貨でもいいので、濃い木目のインテリアを取り入れてみましょう。小物を置くトレーやゴミ箱、額縁などでもいいですね。ふとしたときに目に入るように、あちこちに置くのがおすすめです。

イライラしてしまう
ときには、
ベージュで癒しをおぎなう

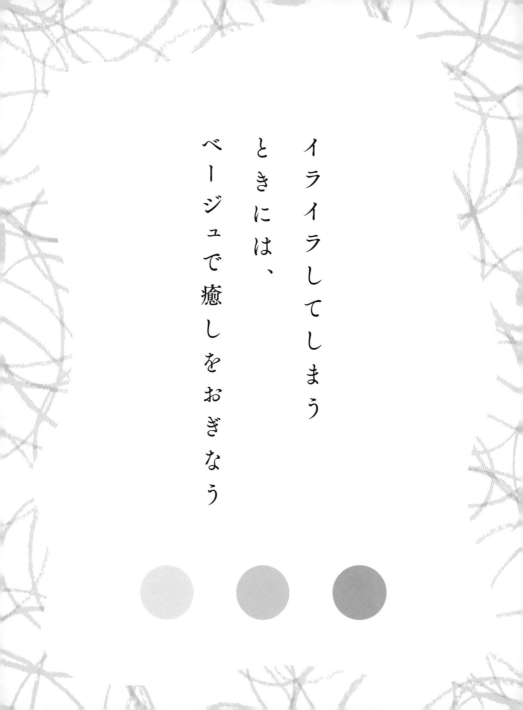

不運やコミュニケーションのズレが積み重なって、あらゆることにイライラしてしまうことはありませんか？　イライラのスパイラルに一度足を踏み入れてしまうと、抜け出すのに一苦労。

イライラが止まらなくてまわりの人や自分を責めてしまうとき、おすすめしたいのが「考え方が違うから仕方がない」と相手を許す気持ちや手放す勇気を持つことです。そのためには、自身をスキンカラーのベージュで優しく包んであげてください。肌の色が人それぞれ違うようにベージュの色みもいろいろあります。自分の肌にあった色を探してみるのも、自分を知る意味でとても大切なことです。

ベージュは白と黒と黄色を足してできる色。凛とした白黒に明るい黄色が加わり、穏やかで明るい雰囲気を持つ色です。イライラしているときにこそ、包み込んでくれる頼りがいのある色です。

相手に不満をぶつけてしまいそうになったら、一旦深呼吸。自分の機嫌は自分次第でどうにでもなります。ベージュに力を借りて、ごきげんな自分を取り戻してください。

身につける

イライラしているときには、まずは穏やかになれる色を身につけるようにしてください。ベージュだけだと寂しく感じるなら、ベージュがかったピンクやブルーなど、淡い色のものでも大丈夫です。ピンクは優しい気持ちを思い出させてくれますし、ブルーは冷静さを取り戻せます。

Scene 1

ネイルの色をピンクやベージュに。いつも視界に入る爪にさりげなくやさしい色を塗っておくと、「無理しなくていいよ」と言ってくれているような、お守りのような存在になります。

Scene 2

ピンクやベージュを思わせるような香水をまといましょう。色がついていなくても、フローラル系など自分が「これはピンクっぽい香りだな」と思えるものなら大丈夫です。

Scene 3

オフィシャルな場面では、ベージュのスーツやセットアップなどがおすすめです。やさしい色を身につければ、きちんとした印象を与えつつ自分を包み込むことができます。

食べる

心が乱れていると、せっかくの食事もおいしさが半減してしまいます。ベージュ系の食材は素朴な味のものが多いので、献立に加えて、味覚からも落ち着きを取り戻しましょう。さわり心地や噛みごたえ、素材の匂いにも意識を向けると、感情のたかぶりがすーっと収まっていきます。

Scene 1

イライラしているときに使っていただきたいのは、ベージュ系の食器です。土のぬくもりを感じるような、ざらっとした手触りの陶器が特におすすめ。風情が出るのでひとつ持っておくと便利です。

Scene 2

ジャガイモやレンコン、ごぼうといったベージュの食材を使って調理しましょう。切りごたえがある根菜類をざくざく切って、がさっと煮込むと、すっきりしますよ。

Scene 3

いつものコーヒーをロイヤルミルクティーにチェンジ。たっぷりの牛乳で紅茶を煮出せば、見た目も口当たりもまろやかです。普段から紅茶を飲む人は、茶葉を変えるだけでも気分転換になります。

場所を整える

インテリアで気をつけたいのは、お部屋の「雰囲気」ごと色を意識することです。家具一つひとつのアイテムの色だけではなく、全体的な印象を捉えるようにしてください。「この色、なんだか気になってしまうな……」と感じるアイテムは一時的に収納したり布をかけたりして、隠してしまいましょう。

Scene **1**

寝る2時間くらい前から、照明を白熱灯の間接照明にシフトして、あたたかい光を感じながらリラックスを。小さなものでもいいので、お気に入りの照明を探してみてください。

Scene 2

寝具をベージュで揃えると、1日のイライラをオフできます。シーツやピローケースはもちろん、やわらかい素材のタオルケットなどもおすすめ。穏やかな気持ちで眠りにつけます。

Scene 3

セピア色の写真を飾ってもいいですね。雑貨屋さんで売られているようなポストカードを買ってもいいですし、自分で撮ったものでも素敵。日常の風景も、セピア色にするとおしゃれに飾ることができます。

他人に振りまわされやすい人は、パープルとオレンジで自分の思いを伝える

わが家のベランダにはクレマチスの花が咲きます。華奢な見た目に反して折れにくく、毎年大輪の花を咲かせます。初めてこの花を目にしたとき、「まるで植物界のクイーンだなあ」と頭の中で呟いていました。実際、クレマチスは「つる植物の女王」と呼ばれ親しまれています。私がクレマチスに女王を重ねたのは、その花の風貌だけではありません。花が濃い「紫色」をしていたからでした。

紫という色は、高貴で品の良さを感じさせる魅力的な色です。赤よりの紫も、青よりの紫も、どちらも神秘的で魅了される色なのは同じです。紫は他の色にはない風格があります。成熟した大人の凛とした色。紫にはラベンダーから想起するような癒しの効果もありますが、「凛とした自分に戻す」という役割があります。

そしてもう一色おすすめしたい色があります。それはオレンジです。オレンジ色は「ＮＯと言える勇気」をくれる色です。場の雰囲気を壊さずＮＯと言える環境をつくってくれることでしょう。

「いつも誰かの意見に振りまわされ、ちっとも自分の意見が言えない……」そんな悩みのある方は、凛とさせてくれる紫と円満な雰囲気にしてくれるオレンジとを上手に使い分けて、自分のスタイルを確立させていってみてください。

身につける

紫もオレンジもインパクトがある色なので、あまり大きな面積の服はお持ちではないかもしれません。ちょっと勇気が必要であれば、どちらも淡い色のものをチョイスして。印象が強いからこそポイントとして取り入れても素敵な色です。ほんの少しでも、「いつもと違うんだぞ」と自信を持てます。

Scene 1

とっておきの紫色のワンピースを着て、凛とした自分を演出しましょう。服で取り入れるのが難しければ、下着やポーチなど、小物で取り入れても自分を奮い立たせてくれます。

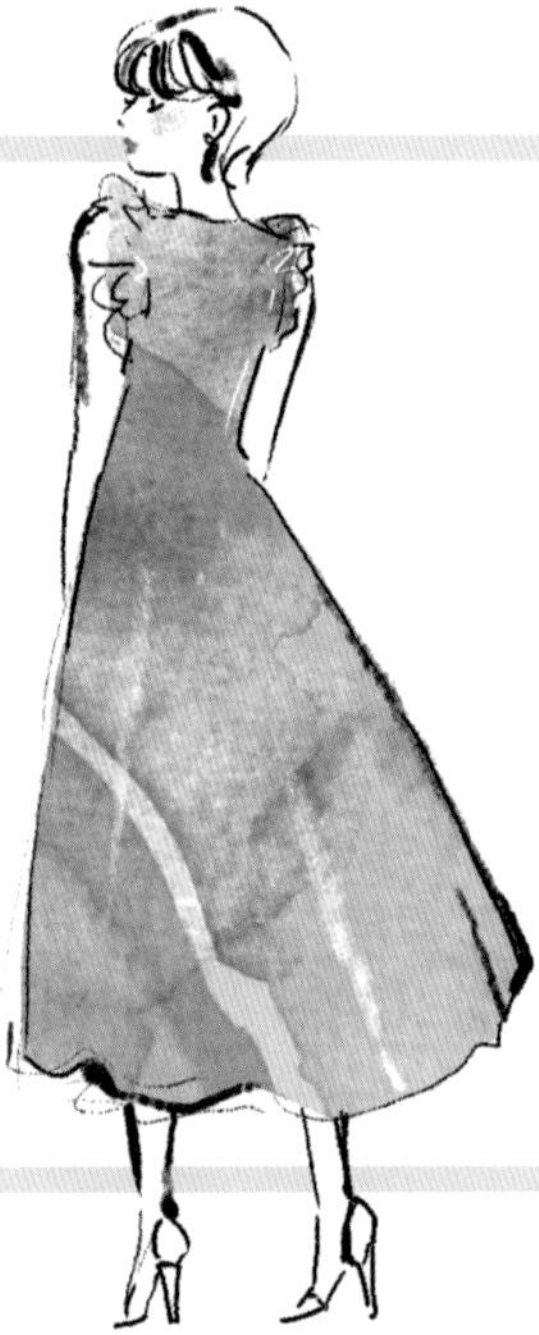

Scene 2

オレンジを使ったポイントメイクもおすすめです。アイシャドウやリップなど、一箇所オレンジを入れてみてください。ベージュ寄りのオレンジは肌に馴染みやすいので、挑戦しやすいですよ。

Scene 3

オフィスで使うポストイットをオレンジにしてみましょう。オレンジはまわりを巻き込んで解決する色なので、チームワークを高めるのにも最適です。ブレストや伝言など、相手がいる場面にぜひ。

食べる

紫玉ねぎ、紫キャベツ、さつまいも……紫色の食材は、普段の一皿も「ちょっと手が込んでいる」ように見せてくれるので、アクセントにぴったりです。他人の意見ばかり尊重してしまう人は、食事やコーヒーブレイクを「自分のための時間、自分だけの時間」だとしっかり意識して。

Scene 1

目覚めにアサイージュースを一杯！　ポリフェノールや鉄分、ビタミンが豊富で、疲労回復や美容にも効果的です。フルーツやグラノーラなど、自分のお気に入りの組み合わせを探してみてください。

Scene 2

意見を主張するときに背中を押してくれるのは、オレンジのマグカップ。円滑に、でもはっきりと、伝える手助けをしてくれます。一方、青寄りの紫は食欲減退色なので、食器類の使いすぎには要注意。

Scene 3

余裕のあるときには、紫玉ねぎをアクセントにしたおしゃれなサラダにトライしてみましょう。おしゃれなサラダは、正直手間がかかるものです。でも、その手間こそが、自分を特別だと思わせてくれます。

場所を整える

身につけるものと同様、紫とオレンジは少し取り入れるだけで十分インパクトがあるので、お花や絵画など模様替えしやすい小物で取り入れて変化を楽しみましょう。色から受け取る印象は一定ではありません。長期間飾っていて違和感を抱いたら、取り替えて他の色を楽しんだっていいんです。

Scene 1

植物に水をやるジョウロをオレンジ色に。毎日手にするものは、色の効果を得やすくなります。ジョウロに触れるたびにオレンジの効果が蓄積されて、次第に自分の意見を持てるようになります。

Scene 2

自分の考えがわからないときには、個性的な絵画の絵葉書を飾ってみましょう。普段は手に取らないような、強いイメージのものを飾ってみて。その絵に飽きた頃には自分の輪郭ができあがっているはずです。

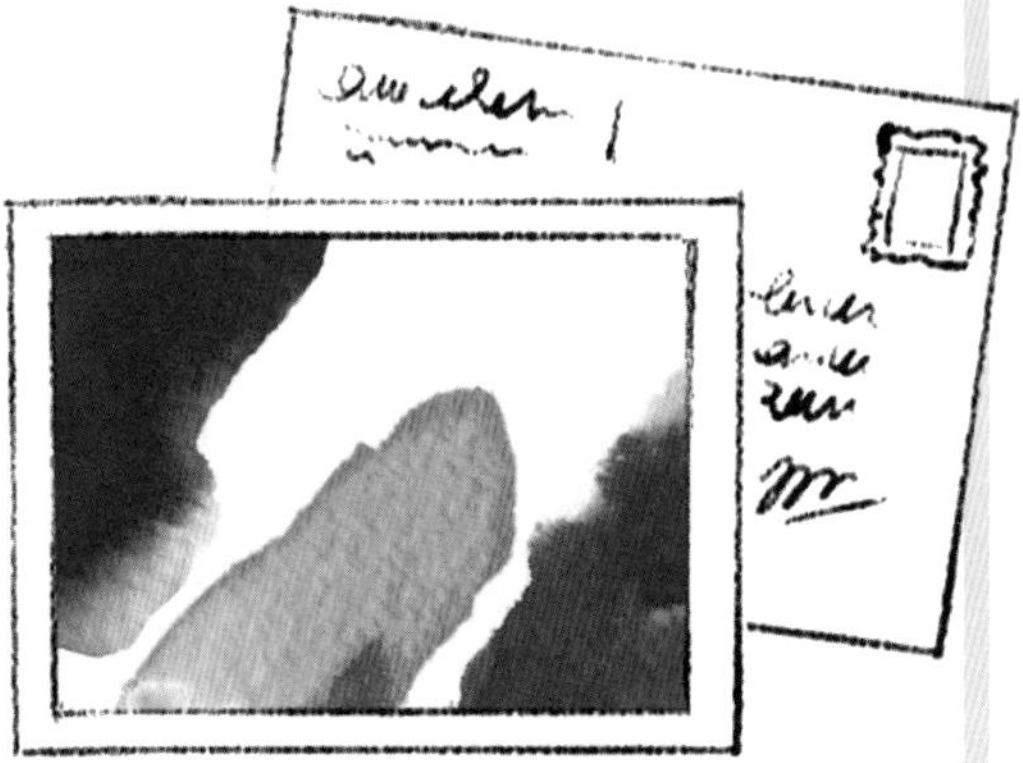

Scene 3

オレンジの花をお部屋に取り入れるのもお手軽で、華やかです。ガーベラやポピーを花瓶に活けたり、マリーゴールドの鉢をベランダに飾ったりしてもよいですね。

頭の中がぐちゃぐちゃ
しているときには、
ブルー＆ホワイトの
世界に身を置く

2年間だけ、敢えて海の近くに住んだことがあります。働き詰めでアクセル全開な日々が続いたので、リセットしようと思い切って引っ越しを決意しました。晴れた日には真っ白な富士山とキラキラ輝く海が見えるような場所で、その青と白の光景に何度も救われました。

こうした環境で過ごしていると、次第に頭の中はスッキリ整理され、そこからはおもしろいくらいにリズムが変わりました。

日々考えることがいっぱいで、何からどう手をつけていいかわからないという人は、ぜひ「ブルー&ホワイト」の世界に自分を置いてあげてください。

青は興奮している状態を静かにクールダウンさせてくれます。何か大きな決断をするときも、冷静に判断させてくれます。

そして白は「白紙に戻す」という言葉があるように、ごちゃごちゃになってしまった状態を一旦なかったことにしてくれます。ある程度気持ちが落ち着いたら、そのときにしっかり整理整頓していけばよいのです。どうしていいかわからないときに無理やり片づけをしても、ちっとも片づきませんから。

身につける

ここで使うブルーやホワイトは、とにかく「リセット」を意識するために、無地のものがおすすめです。また、たとえ服や小物を用意していなくても、晴れた日には青空を見上げてしまえばいいのです。そのあと白い壁の部屋にこもって仕事をするとはかどるので、ぜひトライしてみてくださいね。

Scene 1

いつも視界に入る手帳やペンの色を、爽やかさを感じるブルーにしてみましょう。TODOリストの完了チェックをブルーのペンにしても、スッキリ達成感を得られます！

Scene 2

ホワイトムスクの香りのソープで、ほのかに香りをまといましょう。手を洗うだけでもリフレッシュできますし、ジェンダーレスな香りなのでフラットな気持ちを取り戻せます。

Scene 3

何から手をつけていいかわからず、ついスマホに逃げてしまう人は、スマホカバーを白にしてみてください。長時間ともにするものだからこそ、少し緊張感を与えてくれる色を選びましょう。

食べる

食事は仕事から離れられる、大切な切り替え時間です。キッチンやテーブルが散らかっているようなら、一時的にまとめて収納してしまって、ホワイトのテーブルウェアでリセットを。緊張感を高める真っ白なエプロンは目の前のことに集中させてくれますし、ダイエット効果も期待できますよ。

Scene 1

朝やお昼は、鮮やかな青いランチョンマットと真っ白なお皿で、海辺のようなテーブルコーディネートをしてみましょう。はっきりとしたコントラストで、シャキッとします。

Scene 2

ブルー系の食材はあまりないので、ブルーベリーを積極的に取り入れましょう。ヨーグルトに混ぜたり冷凍したものをソーダに入れたりすれば、酸味が引き立って心もすっきりします。酷使している目も休めてあげて。

Scene 3

大根サラダをつくって、視覚から白を楽しんで食べましょう。生の大根はみずみずしく、歯ごたえも軽快です。今すぐリセットしたいときには、「牛乳を一気飲み!」なんてことも。

場所を整える

小さなものを飾るとごちゃごちゃしてしまうので、大きなお花やリネン類など、「大きめ」にブルー＆ホワイトを取り入れてみてください。テレビの派手な映像や音が気になるようなら、動画サイトで雪景色や海の景色を検索して眺めてみる、なんて裏技も。

Scene 1

ユリやカラーなど、大きな白いお花を一輪挿して、スッキリと。光を反射する白は、一輪でも存在感が抜群です。お部屋の中でもよく日の当たるところに置いて、色の効果を引き出しましょう。

Scene 2

お花を買いに行く心の余裕がないときには、瑠璃色のような綺麗なブルーの瓶を飾るだけでも素敵です。もちろん花瓶でもいいですし、飲み物などの空き瓶でも気に入ったものはインテリアにしてしまいましょう。

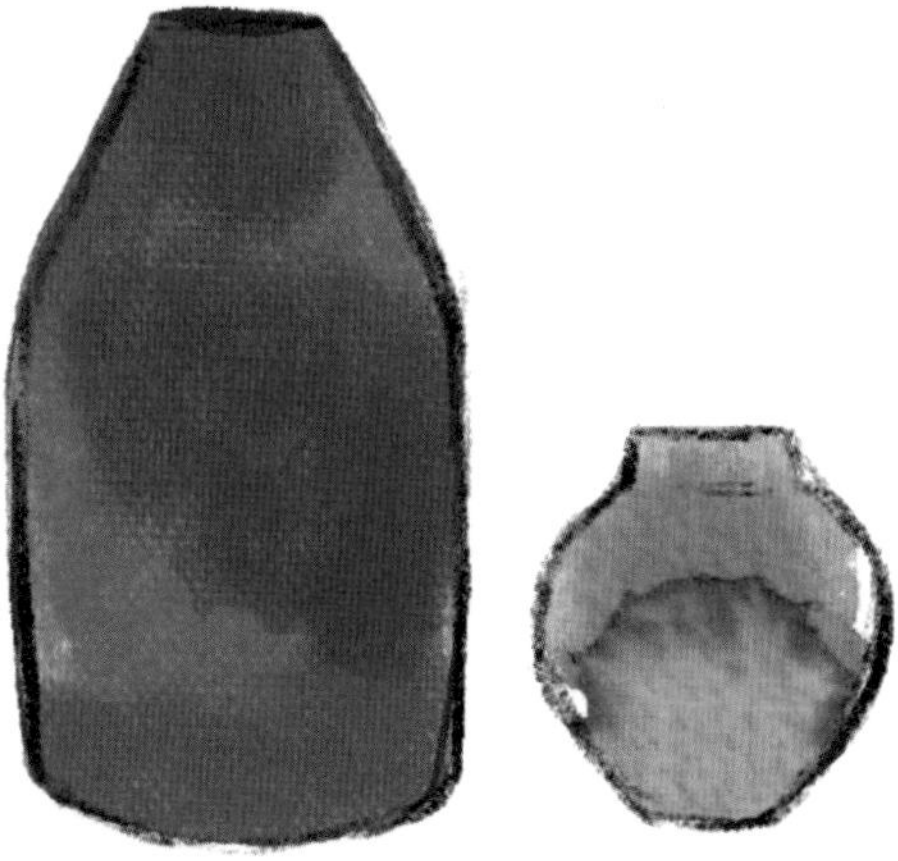

Scene 3

白いシーツにブルーのブランケットなど、ベッドリネンもブルー＆ホワイトに。夏っぽいイメージのある色ですが、素材次第でその印象は取り除けます。ぜひ年中取り入れてみてください。

緊張する場面こそ、
誇り高く「女優」になれる
レッド＆ゴールド・シルバー

「私、高いところは怖くないの。私のヒールを見ればわかると思うけど」。このフレーズは、NYに住む女性たちの日常を描いた人気海外ドラマ、「セックス・アンド・ザ・シティ」のキャリー・ブラッドショーが放った名言。

おしゃれでブランド物が大好きなキャリーのシューズコレクションの中でも一際目を引いていたのが、クリスチャン・ルブタンです。ルブタンのソールは、皆さんご存じのとおり真っ赤です。この赤いソールに細いヒールのルブタンからは、自信に満ちあふれている女性が目に浮かんできます。

どんなに慣れた仕事でも、時には緊張することだってあります。それだけ仕事にきちんと向き合っている証拠です。緊張してしまうほど大切な場面こそ、足元にさりげなく、赤い色を忍ばせて自信をつけてみてください。赤は自分を強くしてくれる色です。ルブタンのようにソール全面でなく、ヒールだけが赤というのも、靴全体が赤というのも、素敵ですよね。

赤と一緒に身につけたいのが、ゴールドとシルバーです。3色とも、上を向き、トップを走り抜ける色たちです。自分の実力を最大限発揮できる色。あとはこれまで丁寧に準備してきたことを、本番で発揮するだけです。色に力を借りて、誇り高い女優になった気分で最後まで乗り切ってしまいましょう。

身につける

あまり華やかな色を使う機会がなくて気おくれしてしまう場合は、「週に1回は使う」というように、普段から色に慣れておくことがおすすめです。「とっておきの日＝華やかな色」ではなくていいのです。赤ネイルでジムに行ったっていいし、キラキラのヒールでスーパーに行ってもいいんです。

Scene 1

自分に自信を持ちたいとき、力強い効果を発揮するのが赤い下着。原色が苦手な人でも、下着なら取り入れやすいですよ。「赤い下着週間」など期間を決めると、集中的に色のパワーを取り入れられます。

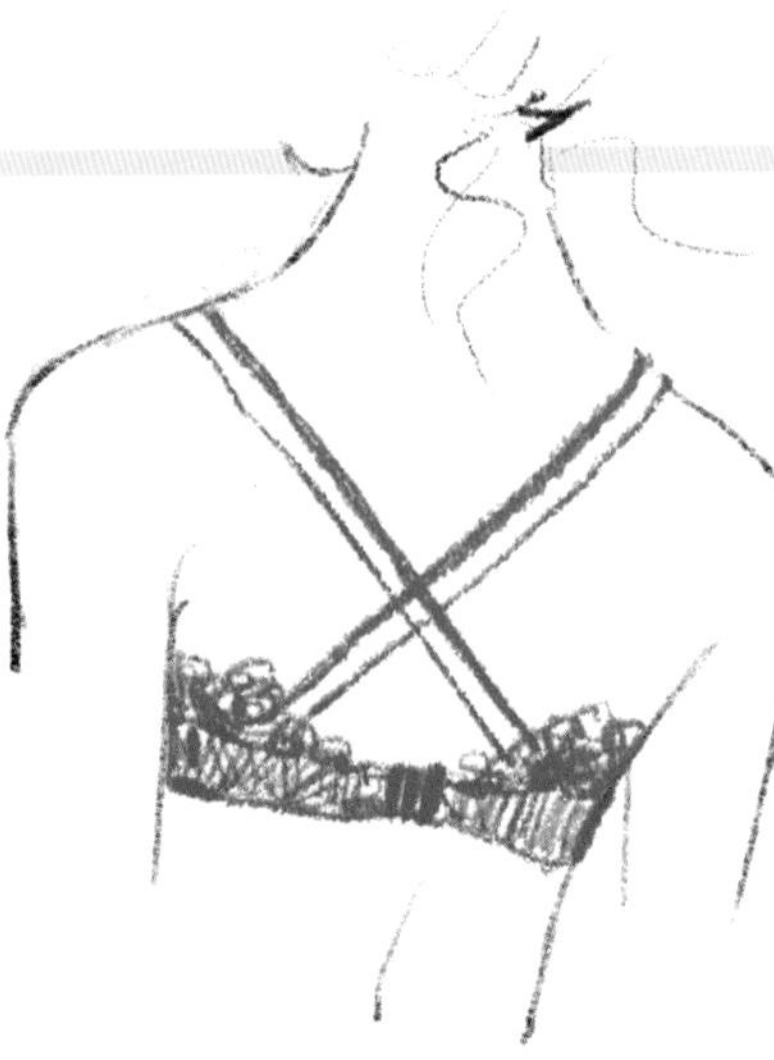

Scene 2

ゴールドやシルバーのスマホケースや手帳は「自分は大丈夫！」と自信が持てます。もちろん、アクセサリーやバッグで取り入れてもOKです。色と同じように、自分自身の輝きもアップしてくれます。

Scene 3

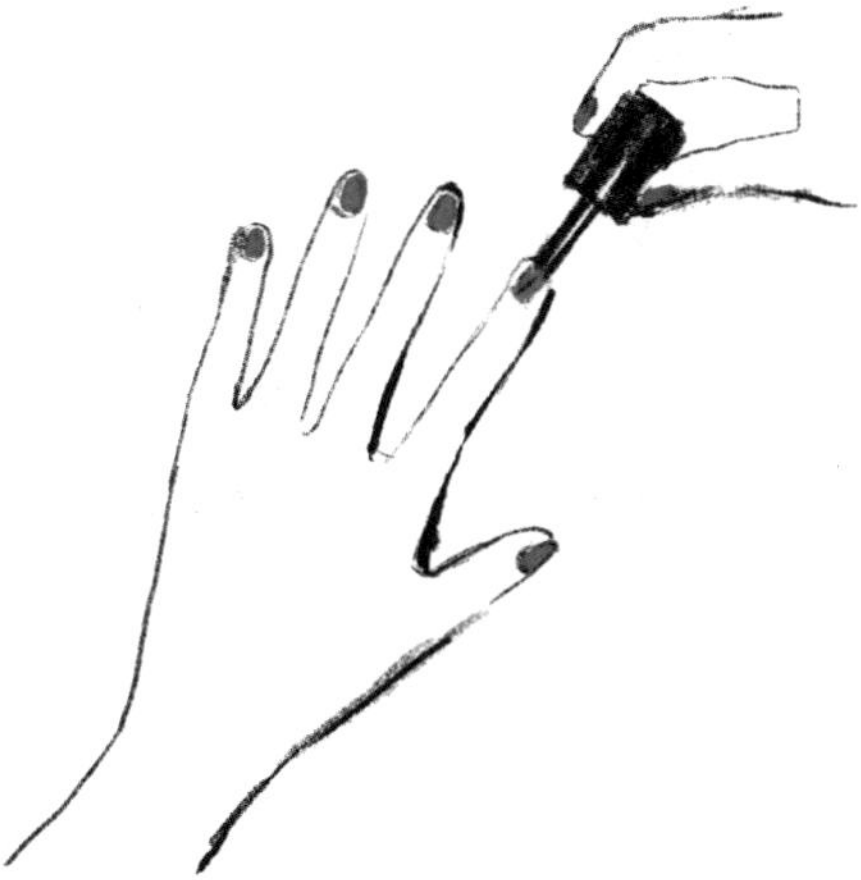

勝負のときこそ、真っ赤なネイルを塗りましょう。セルフネイルは時間をかけ、意識的に自分に色をつける行為です。気分にあわせて手軽に変えられるマニキュアがおすすめ。フットネイルでもOKです。

食べる

パワーがみなぎる赤い食材。自信をつけるために、背筋を伸ばして、セレブ気分でいただきましょう。ゴールドやシルバーのカトラリーをお持ちの方も多いかと思いますが、くすんだままにしておくともったいないです。この機会に、ぴかぴかに磨いてレストラン気分に。

Scene 1

真っ赤ないちごやラズベリーをたっぷり食べましょう。フレッシュないちごをざっと洗ったら、手でつまんで豪快に。自分のために1パック、ご褒美にしたっていいんです。

Scene 2

パワーチャージのために食べるなら、赤身の牛肉ステーキもいいですね。ここぞというときには、いつもよりワンランク上の部位で自分の気持ちを高めて！

Scene 3

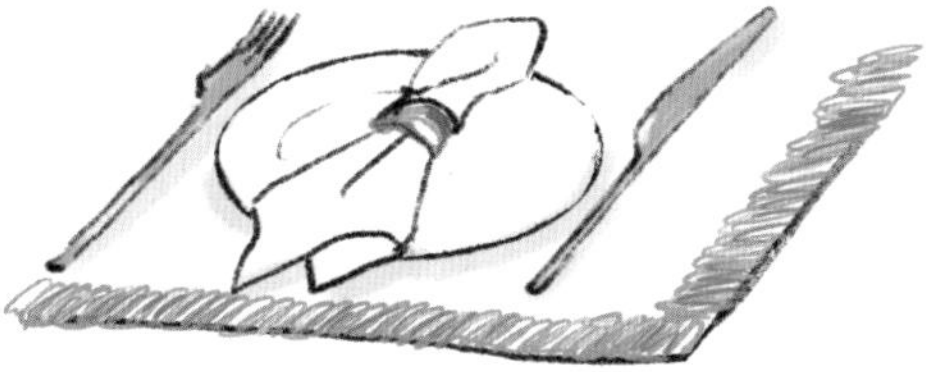

ゴールドやシルバーのランチョンマットや箸置きを使えば、いつもの食事もランクアップ。冬はゴージャスな印象になり、夏は涼しげです。意外と年中使える色なので、ひとつ持っておくと便利ですよ。

場所を整える

赤もゴールドもシルバーも、部屋にあると一気に高級感が高まる嬉しい色。自分をもてなすように、テンションがあがるアイテムを一つひとつ選びましょう。ちょっと背伸びしたっていいのです。自分はこのアイテムにふさわしいのだと、しっかり言い聞かせてくださいね。

Scene 1

ゴールドやシルバーが入ったスリッパを履くと、毎日自分の気持ちが高まります。帰ってきたときに玄関で迎えてくれる華やかなスリッパは、「もうちょっと頑張ろう」と気持ちを盛り上げてくれます。

Scene 2

お部屋のアクセントに赤や紫の花を飾って、女優気分を味わいましょう。ラナンキュラスは小さくても存在感があって、比較的手に取りやすい価格帯なのでおすすめです。

Scene 3

ローズの花びらが入った入浴剤で、バスタイムを華やかに。さらにローズの香りのキャンドルを焚いて非日常を演出すれば、極上のリラックスタイムになります。

やることが多くて
焦ってしまうときは、
ティファニーブルーで
リラックス

やるべきことが多くて、何から手をつけたらいいかわからないとき、どうしていますか？　髪をくしゃくしゃにして、大きなため息をつきたくなってしまいますよね。そんな切羽詰まった心をクールダウンさせるために、おすすめの色があります。

それは世界的なジュエリーブランド、ティファニーの代名詞とも言える、明るく黄色がかったブルー、通称「ティファニーブルー」です。ティファニーブルーは、青のような寒々しさや緊張感はありません。どこかリラックスした、涼しげで心地よい印象を持ち合わせています。ターコイズブルーという呼び名のほうがイメージしやすいかもしれませんね。

青よりも明るいティファニーブルーは、広くて開放的な海をイメージさせてくれます。自分の気持ちに素直になり、心をオープンにして自由に羽ばたきたいときに効果のある色。そしてイライラや怒りが止まらないときにも効果があります。

もし手元にティファニーブルーがなくても大丈夫。想像するだけでも、十分開放感とリラックス感を得られます。過去に旅行した南国の透き通るような海、テレビや雑誌で見たエーゲ海……爽やかなブルーを頭の中に広げたら、きっと心にも心地よい風が吹き抜けます。

身につける

ティファニーブルーをファッションに取り入れると、優しく穏やかな印象を演出してくれます。また、自分自身も内面からリラックスしてくるので、自然と相手にまで安心感を与えられます。コミュニケーションを円滑にしたいときにもおすすめの色ですよ。

Scene 1

精神状態をフラットにさせるために、ブルーのシャツやセーターを。ちょっと黄味がかったグリーン寄りのブルーを選んでみてください。

Scene 2

海を想像させるような香り、または綺麗なブルーのボトルの香水を。以前旅行先で買った思い出の香水など、自分の中で連想させるような香りであればマリン系でなくてももちろんOKです。

Scene 3

ターコイズカラーの指輪やバングルなど、手元にアクセサリーをあしらいましょう。パソコン作業中でも鮮やかな色が目に入って気分が変わります。

食べる

食事のときには、開放的な気持ちになれる場所への「トリップ」を意識したコーディネートを。オフィスであれば、小さなティファニーブルーのボックスの中にとっておきのスイーツを入れてデスクの中に忍ばせておくのも楽しいかも。心を自由にして、自分にご褒美をあげましょう。

Scene 1

パイナップルやマンゴーなどトロピカルなフルーツをターコイズブルーの器に盛りつけて。お部屋の窓を開けて、風を感じながら食べましょう。

Scene 2

ブルーがかったガラスの御《お》猪《ちょ》口《こ》と徳利で、日本酒をいただくのも心を落ち着かせてくれます。お気に入りのおつまみを用意して。オリオンビールや泡盛など、沖縄のお酒もおすすめです！

Scene 3

ラムネ味のソーダで童心に帰ってみませんか。飲みながら子ども時代に想いを馳せれば、自分が本当に大切にしたいことがはっきりするかもしれません。

場所を整える

お部屋に色を取り入れるということは、起きたばかりのまっさらな状態でその色の影響を受けるということ。ティファニーブルーのアイテムがあれば、前日につらいことがあっても前向きな気持ちになれますし、一日中やることがいっぱいで焦りそうなときにも心を落ち着かせ、穏やかな表情に戻してくれます。

Scene 1

ブルーからグリーンのグラデーションを感じられる絵画を飾ると、開放的な気分になります。自分で描くことに挑戦すれば、色に向き合う時間が長く、色の効果が得られます。

Scene 2

やることが多くて忙しいときには、ささっとイメージを変えられるクッションカバーを、ターコイズブルーに衣替え。強い色に思えますが、ベージュや茶色、グレーなど、ベーシックな色との相性は抜群です。

Scene 3

天気がいい日は、ブルーの自転車で出かけましょう！　視界いっぱいに青空を映して風を感じたら、心も体もリフレッシュできます。

お疲れ気味で
ニコニコできない日には
太陽のようなオレンジを

どんなに楽しい仕事でも、どんなに好きな家事でも、毎日同じことを繰り返していれば、誰だって息抜きしたくなります。がんばってニコニコしようと思っても、難しいですよね。そんなときは、オレンジで最高の笑顔を更新してみましょう。

オレンジはリーダーを象徴する赤と、子どものように無邪気な黄色を足したスペシャルな色。赤と黄色のいいとこ取りをしているオレンジは、カリスマ性があるのに話しかけやすく、どこか人懐っこい色をしています。だからか、側にあるだけで最高の笑顔になれるのです。しかも昨日より今日、今日より明日と笑顔を次々と上書きしてくれる不思議な色。

オレンジという色は、常に愛され、必要とされる「太陽の色」を連想させます。人によって太陽の色は、赤、オレンジ、黄色と表現はさまざまで、見る側、受ける側の感じ方が異なってくるのも、太陽の色が眩しいくらいのオーラを放っているからに違いありません。

オレンジはあなたの笑顔を何倍にも上書きしてくれるから、もう心を委ねていいのです。オレンジ色はコミュニケーションカラーです。あなたの大切な人との心の架け橋になってくれる、人生に欠かせない色なのです。

身につける

オレンジは、買うときからワクワクが止まらない色のように思います。「思い切ってお出かけバッグを綺麗なオレンジにしようかな？」「ビビッドオレンジのサンダルはどうかな？」なんて、少し大胆な決断をさせてくれる色ではないでしょうか。ぜひ、自分が楽しくなるオレンジアイテムを探してみてください。

Scene 1

手帳やブックカバー、ノートといった文房具を鮮やかなオレンジ色にしておくと、日々の作業もポジティブになります。「オレンジが目に入ったら口角をあげる」と意識してみてください。

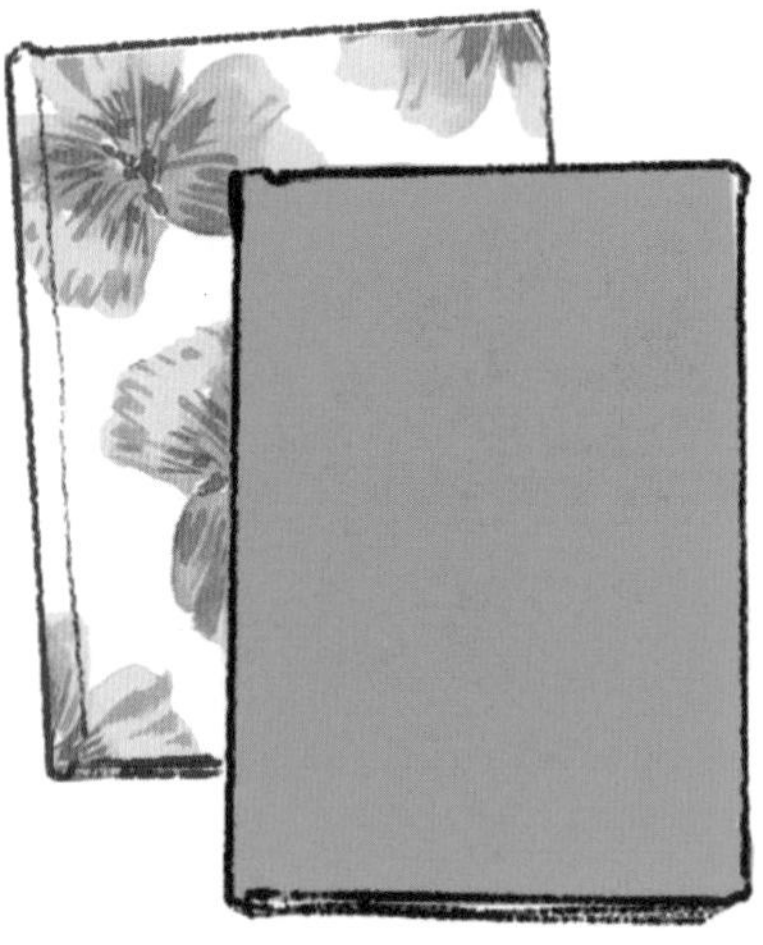

Scene 2

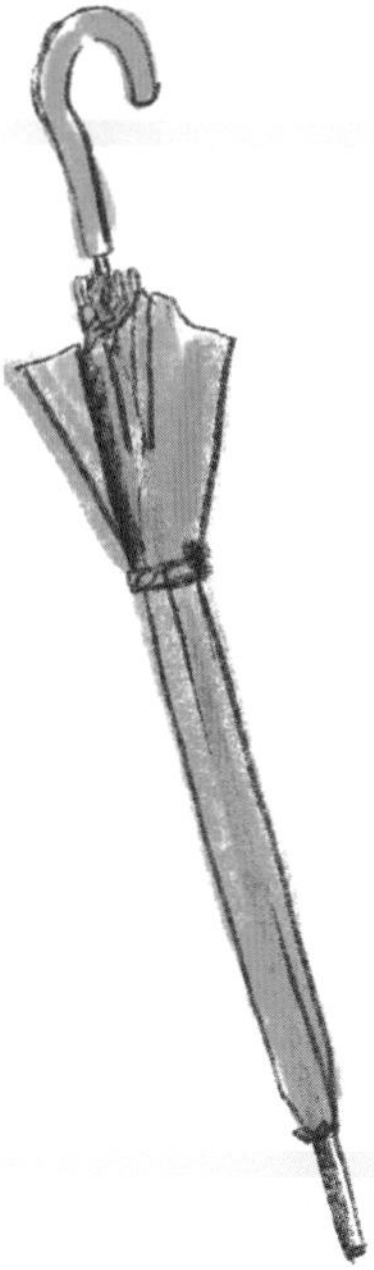

気分もどんよりしてしまうような雨の日は、オレンジの傘でごきげんに。太陽の光が弱い天気だからこそ、自分のまわりを明るく照らしましょう。

Scene 3

オレンジの香りのアロマでリフレッシュしましょう。外出先でもロールオンタイプなら手軽に気分を変えられます。男性やお子さまでも抵抗がないので、お家で焚くのにもぴったりの香り。

食べる

笑顔をつくってくれるオレンジは、日々の習慣と組み合わせて日常的に取り入れたい色です。面倒くさいと感じている習慣ほど、この色と相性がいいですよ。自分だけが目にするものなら「ちょっとチープかな？」と思うような派手な色でも、楽しさをアップしてくれるのでおすすめです。

Scene 1

朝に飲みたいのは、オレンジジュースやキャロットジュース。目からもオレンジを取り込めば、1日笑顔でいるためのエネルギーが満ちてきます。

Scene 2

オレンジ色のケトルでお茶やコーヒーをゆっくり淹れることを習慣にしてみましょう。習慣化することで、笑顔のベースアップにつながります。

Scene 3

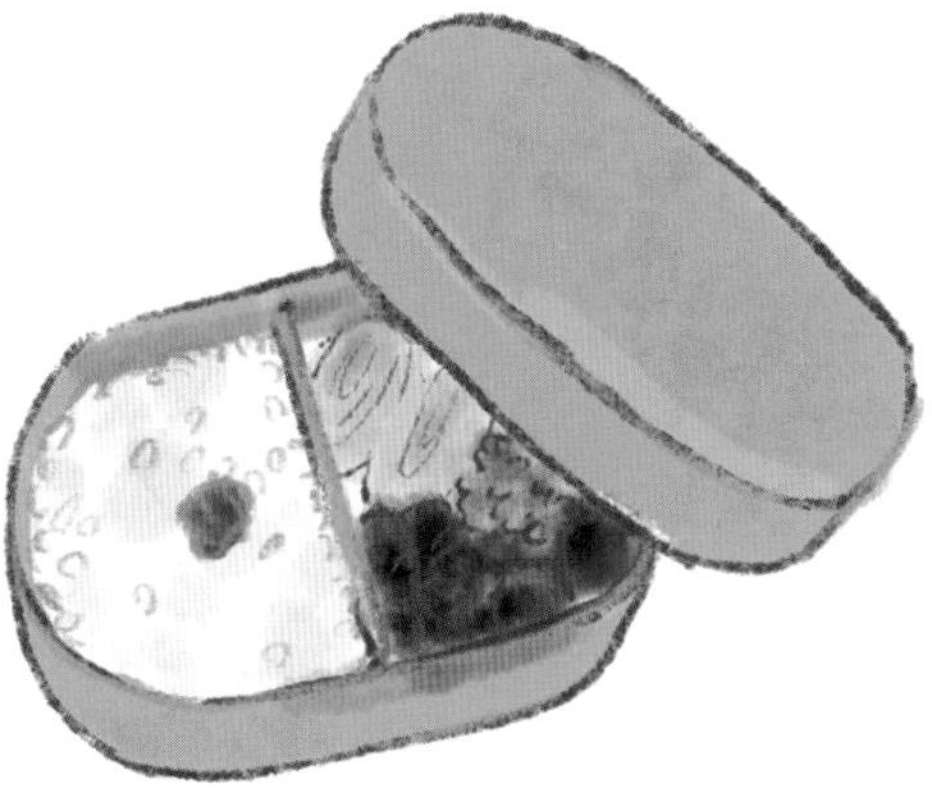

お弁当箱やタンブラーなど、持ち歩く容器もオレンジ色に。マイ容器は余裕がなければ難しいと思うかもしれませんが、忙しいときに使うからこそ「自分、えらいぞ！」と自分を褒めるチャンスです。

場所を整える

せっかくの休日、疲れた表情のままで過ごすのはもったいない！　オレンジ色のインテリア雑貨をちりばめたお部屋で、ボサノバ系の音楽をBGMに気分を高揚させて。もちろんお日様を取り込むのも忘れずに。そんな元気すらないほど疲れてしまっている人は90ページからも参考にしてみてください。

Scene 1

一番のおすすめは天気の良い日に外に出て、太陽の光を思いっきり浴びること！　夜はオレンジがかった電球の光でも。

Scene 2

リビングに取り入れるなら、オレンジ色をベースにしたクッションはいかがでしょうか。ひとつ加えるだけで、その場が明るくなります。思い切ってソファを買い替えても素敵！

Scene 3

オレンジの装丁の本を読んだり、飾ったりするのもおすすめです。自宅の本棚になければ、本屋さんに探しに行ってみてください。新しい出合いがあって、楽しいですよ。

Part 3

色の
力を借りて
もっと輝く
自分になる

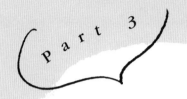

自分を甘やかしたい
ときには、
ピンクとグレーで
包み込む

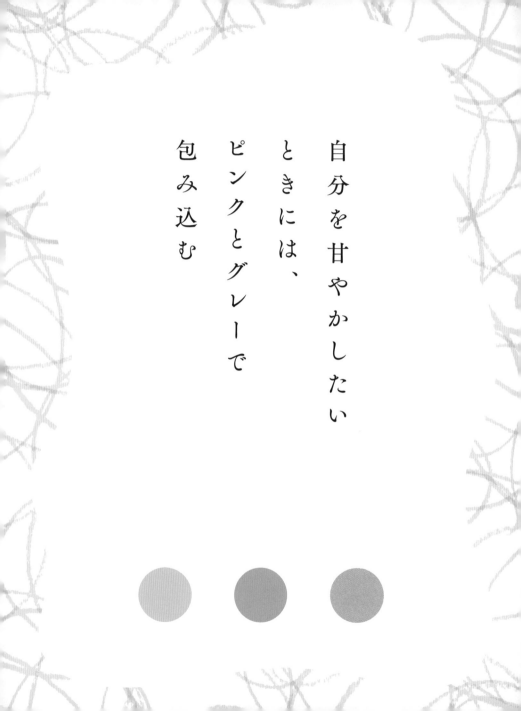

がんばりすぎてしまう人ほど、自分をないがしろにしてしまいがち。たまには少し立ち止まって、自分にご褒美をあげてほしいのです。違う言葉で表現するとすれば、「自分を甘やかしてあげる」です。

具体的にトライしてみてほしいのが、自分が一番居心地がよいと思っている場所に、とにかくたくさんピンク色の小物をちりばめることです。ピンクはあたたかくやわらかく、包み込んでくれる色。

苦手に感じている人もきっといるでしょう。そんな人こそ、勇気を出してピンクを置いてみてください。くわしくはこのあと紹介しますが、とにかく「ちょっと恥ずかしいな」と思うくらい、自分の身のまわりをピンク色に染めてみてほしいのです。

自分を甘やかすほどの元気すら出ないときには、一旦ピンクは後にして、グレーにお世話になりましょう。グレーは白黒つけられない曖昧な色ではありますが、抱えきれないほどの問題や悩みから少し離れて、冷静さを取り戻すために不可欠な潤滑油のような色です。グレーで一息ついて、自分を存分に甘やかしてあげてみるのもいいでしょう。

身につける

旅行やマッサージなど、心身をケアするようなおでかけのときに身につけたいのがピンクとグレーです。またがんばれるように、色の力を借りてみてください。ただし、グレーは「中途半端」「決められない」色でもあるので、あくまでも「今は休むために」と前向きな側面を意識して身につけましょう。

Scene 1

がんばりすぎているときには、薄くて淡いピンクのチークを身につけて。ぽっと頬が色づいた自分が鏡に映ると、「たまには自分を大切にしなくちゃ」と意識することができます。

Scene 2

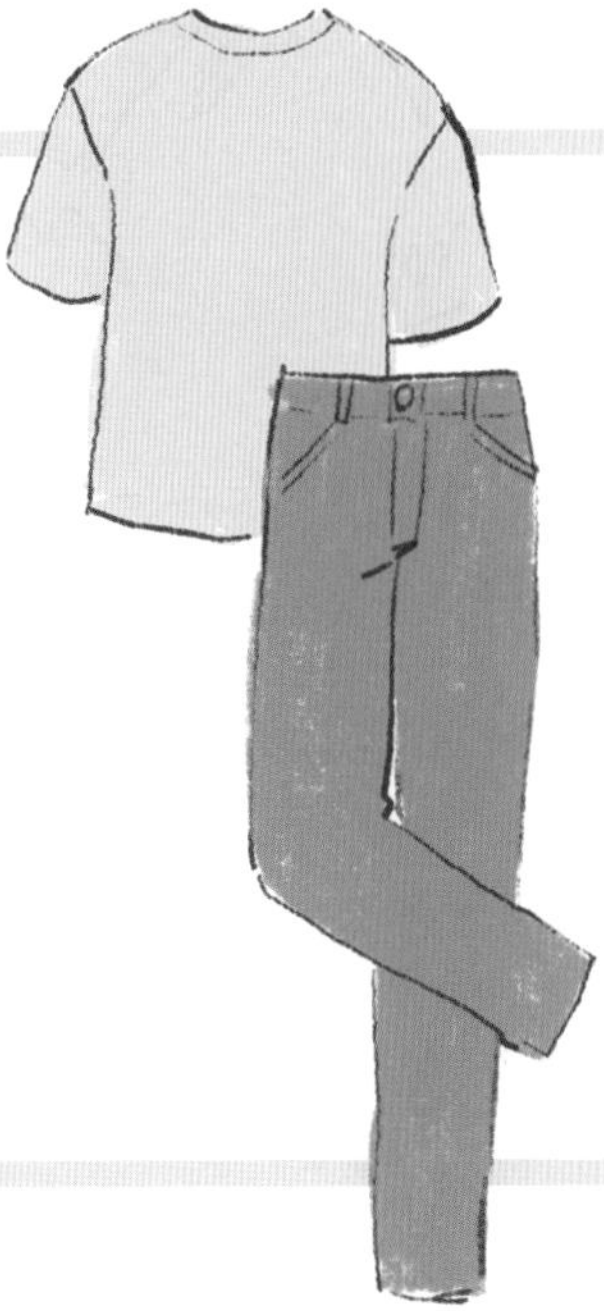

何も考えたくないときには、グレーのワンピースで自分を包んで。グレーのデニムに淡いピンクのTシャツのコーデなんて最高に自分を大切にできます。

Scene 3

淡いピンクのスーツケースを持って、旅行にでも出かけましょう。近場にお気に入りのホテルや旅館を見つけておくと、ピンチのときに心をほぐしてくれる拠り所になります。

食べる

毎日の丁寧な食事ももちろん大切ですが、ここでは「がんばった日のご褒美」になるアイディアを紹介します。スイーツやドリンク、お惣菜などをさっと買ってきて、自分を褒めながら楽しみましょう。自分のためのちょっとしたパーティも、たまには素敵ですよ。

Scene 1

自分を甘やかしたいときには、ストロベリーやローズなど、ピンク系のスイーツがおすすめです。パフェやケーキもよいですが、ムースやマカロンなど食べ物自体がピンク色をしたもののほうが、色の効果が高くなります。

Scene 2

晩酌の時間には、ロゼワインで自分をゆるめましょう。香りも華やかで、ピンクのイメージを五感で楽しむこともできます。和風が好みの人は、ピンク色の瓶の日本酒を探してみても。

Scene 3

エネルギー切れで何もしたくないときには、料理もお休み。お惣菜を買ってきてグレーのお皿に盛りつければ、使い捨て容器のまま食べるより、ちょっと元気が出てきますよ。

場所を整える

お部屋にピンクやグレーをちりばめて、甘えられる場所をつくりましょう。外で自分をしっかりと律している人こそ、家の中を優しい雰囲気にしておくのがおすすめです。オンオフがはっきり認識できるので、張り詰めていた心も、ゆるんでいきます。

Scene 1

グレーのヨガマットでひと休み。悩みは一旦置いておいて、自分の心と体に集中しましょう。むくみや凝りをみつけたら、がんばってきた自分を労って。ピンクのトレーニングウェアを身につけても◎。

Scene 2

玄関にピンクをベースにしたフラワーのリースを飾ってみましょう。たとえちょっと気が進まない用事で出かけなくてはいけないときも、リースが優しく応援してくれます。

Scene 3

部屋の中をピンクに染めるのがちょっと恥ずかしいという方は、バスタオルの色を優しいピンクにして体をくるんであげて。バスマットやハンドタオルでももちろんOKです。

やる気をアップしたい
ときには、
赤でエネルギーチャージ

自分のやる気を奮い立たせるのって、難しいですよね。一歩動き出せばそれで変われるのに、その最初の一歩が踏み出せなくて、余計に自分を責めてしまったり。こういうときは「赤」を意識してみてください。赤という色は、エネルギーの象徴の色、血液の色でもあります。洋服や靴といった着飾ることに取り入れるのも良いですが、ここでおすすめしたいのは「食」。食べることに主軸を置いてみてもらいたいのです。

やる気をアップするには、まずは体の内側からエネルギーチャージです。赤といってまず思い浮かぶ食材は何ですか？　トマトや唐辛子、赤ピーマン、リンゴといったところでしょうか。まずは新鮮なトマトを買ってきて、ザクザク切っておお好みのドレッシングでいただいてみましょう。もちろんそのまま丸ごとかじってもいいですね。とにかくみずみずしいままのトマトを、視覚でも味わって、食べてみてください。時間がないという方は、トマトジュースを飲むのもおすすめです。ただしパックや缶に入ったまま飲むのではなく、中身が見えるガラスのコップに移してから飲んでみてください。赤という色が自分の体の中に入っていくことで、パワーが戻ってきます。

身につける

「さあ！今日はアクティブに活動するぞ！！」という日には、赤の小物や洋服を身につけて自分を奮い立たせましょう。赤は人を惹きつける力があるので、まわりの人もあなたに影響を受けて、やる気がアップしていきますよ。暑苦しくならないように、バランスや素材には気をつけて。

Scene 1

赤いベルトやバッグを差し色にして出かけましょう。赤は少しの量でエネルギーチャージさせてくれるので、小物で取り入れるだけで効果を感じます。

Scene 2

赤いペンケースやマウスパッド、PCケースなど、仕事道具にも赤いものを。デスクまわりに置いて、やる気をアップさせましょう！

Scene 3

リュックなどアウトドアのときに身につけるアイテムを赤にしたら、とっておきのレジャーをよりアクティブに楽しめます。テントやチェアなど大きなものでもOKです！

食べる

赤は食欲を増進させる効果もあるので、キッチンや食卓にもぴったりの色。赤い食材には、補色（互いの色を引き立たせる、色相差が最も大きい色）の緑を合わせるのがおすすめです。食器で赤を取り入れるときは、うるさくならないように、縁取りなどささやかなアクセントになっているものを選びましょう。

Scene 1

キッチンに立つときにも、赤いエプロンやミトンで気合いを入れて。料理が苦手な人も、赤いアイテムを取り入れることでやる気が出るはず。もうひと踏ん張りがんばりましょう！

Scene 2

カプレーゼやトマトの肉詰、トマトソースのパスタなど、トマト料理の新しいレシピに挑戦しましょう！レパートリーを増やしておくと、日々飽きずに取り入れられます。

Scene 3

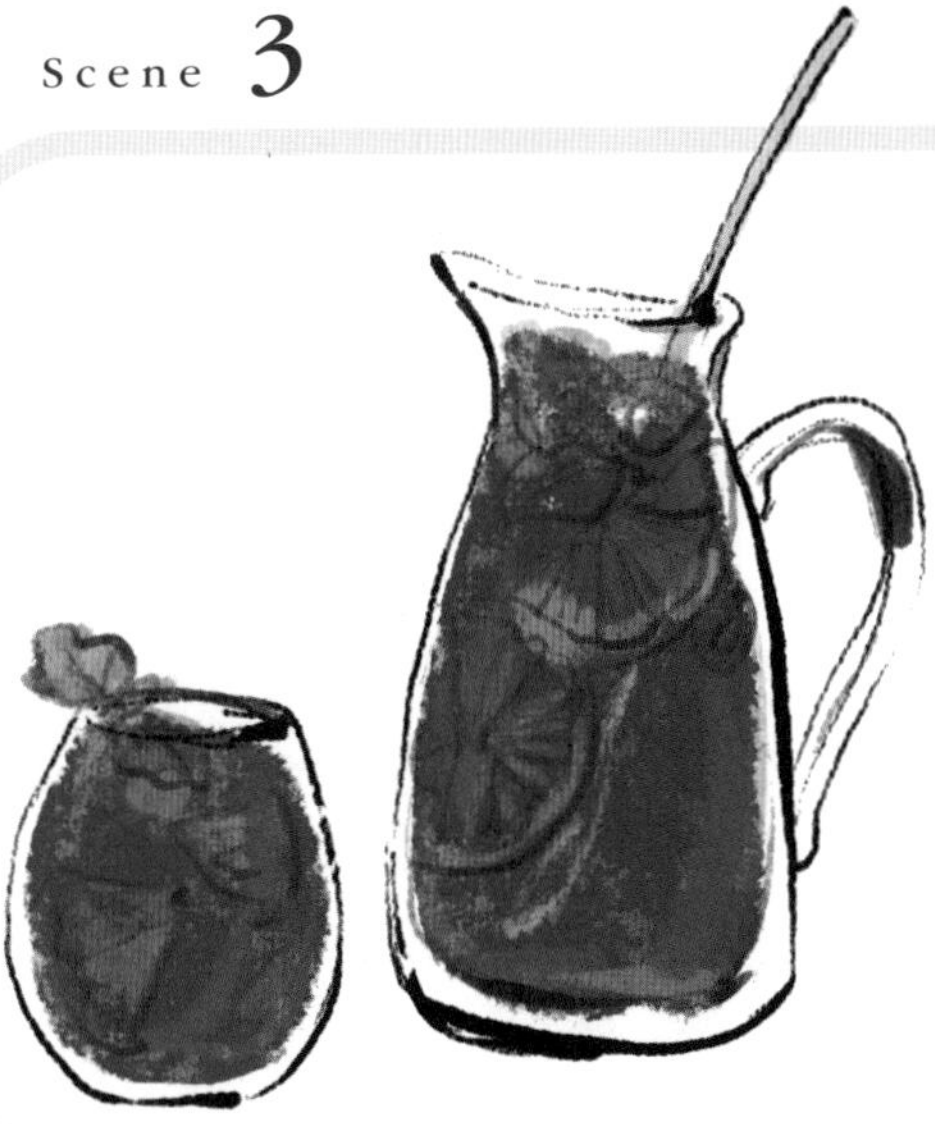

サングリアを食前酒としてぐびっと。ワインとフルーツの色を楽しんでください。自家製サングリアに挑戦すると、手をかけた分、飲む楽しみも倍増しますよ。

場所を整える

やる気が必要になってくるのは、仕事だけではありませんよね。家事や宅トレなど、「やりたい気持ちはあるけど、やる気が出ない！」という習慣にも、赤を取り入れると取り組みやすくなります。てきぱき動いて、終わらせてしまいましょう！

Scene 1

バスルームでは、赤い色のシャンプーやコンディショナーの容器でエネルギーチャージ。普段使いのものと、やる気を出したいときのもの、2種類用意しておいて使い分けるのがおすすめです。

Scene 2

家事にやる気が出ない人は、ランドリーバスケットや洗濯バサミなど、家事に関わるものに赤を取り入れてみましょう。あまりこだわらずに買って、使い続けているものはありませんか？　この機会に見直してみてください。

Scene 3

トレーニングのときにも、赤のバランスボールやダンベル、メディシンボールを使ってみましょう。黒もストイックになれる色なので、しっかり鍛えたいときにはトレーニングウェアなどで取り入れてみて。

ひらめき力アップには、
ユニークな黄色を楽しむ

仕事でも家事でも、何か新しいものごとを考えなくてはならないタイミングに遭遇します。仕事であれば新規プロジェクトや新しいデザイン。家事であれば夕飯のメニューや子どものお弁当、家のインテリアなど。

新しいものを考えるのは、とても楽しいことです。でも実際は、慣れていないとかなりしんどい作業です。「一人で黙々と考えていても、全然アイディアが浮かばない！」なんてこと、みなさんにも一度や二度はあるのではないでしょうか。

さて、そんなときは、童心に帰る「黄色」を活用してみてください。黄色という色は、色自体がとってもユニークな色。黄色の使い方をあれこれ考えて慣れておけば、いざというときも自然とひらめき力がアップしてきますよ。

「黄色は子どもっぽい？」なんて風潮が日本にはなぜかありますが、こんなおかしなことはありません。確かに子どものまわりには黄色がいっぱいあります。それは黄色が、最も明るく、よく目につき、かつ男女差別のないかわいらしい色の象徴だからです。これは子どもに限ってではありません。大人になっても、おじいちゃんおばあちゃんになっても、黄色は平等に与えられている色なのです。

身につける

明るい黄色は、将来への希望をイメージできる色です。この色を身につければ、「実現したら楽しいだろうな」という素敵なアイディアがどんどん広がっていくはず。春夏は淡いレモンイエロー、秋冬はマスタード色など、季節にあわせてトーンを変えてもおしゃれです。

Scene 1

いつもと違ったインプットをしたい日は、ワクワクするような黄色のパンプスを履いて軽やかな足元でスタート。街頭広告や道ゆく人々から、新しい視点をもらえるかもしれません。

Scene 2

淡い黄色のワンピースやシャツやスカートで、凝り固まった頭を柔軟にほぐしましょう。素材もやわらかい、ふわっとしたものがおすすめです。自由な発想が浮かぶのを助けてくれます。

Scene 3

服で取り入れるのが難しければ、レモンの香りのリップクリームやハンドクリームで、ささやかに黄色のイメージを身につけて。会社でも使いやすい香りなので、オフィスに置きっぱなしにしてもOK。

食べる

毎日献立を考えるのは、大変ですよね。明るい気持ちになれる黄色を相棒にして、頭の体操の時間だと捉えてみましょう。卵や南瓜などの食材を使うのももちろんよいですが、サフランやターメリックなどのスパイスも楽しいですよ。いつもと一味違った料理をつくるのに活用してみましょう。

Scene 1

黄色の食べ物といえば、卵料理。お手軽なレシピも多いので、日常的に取り入れて。オムレツ、卵焼き、スクランブルエッグ……バリエーション豊かだからこそ、「直感」で決めちゃいましょう。

Scene 2

時間があるなら、バターを使ったお菓子づくりを。バターの淡い黄色が溶けていく様子や、豊かな香りを楽しみましょう。香りから色を連想するのも大切な色習慣です。

Scene 3

行き詰まっているときには、黄色のキッチンスポンジで、無心にごしごし洗い物。単純作業をしているうちにと、ふっとアイディアが浮かんでくるかもしれません。

場所を整える

黄色はアイディアがひらめきやすくなるだけでなく、明るい印象から元気をもらえますし、コミュニケーションを活発にするとも言われています。幸せの象徴にもよく使われますよね。明るく楽しく過ごしたいご家庭にとって、インテリアで取り入れるのにぴったりですよ。

Scene 1

毎日新鮮な気持ちで過ごしたいなら、カーテンのタッセルを黄色にしてみましょう。カーテンタッセルは毎朝触れるものなので、明るい気分で1日が始まり、アイディアもひらめきやすくなります。

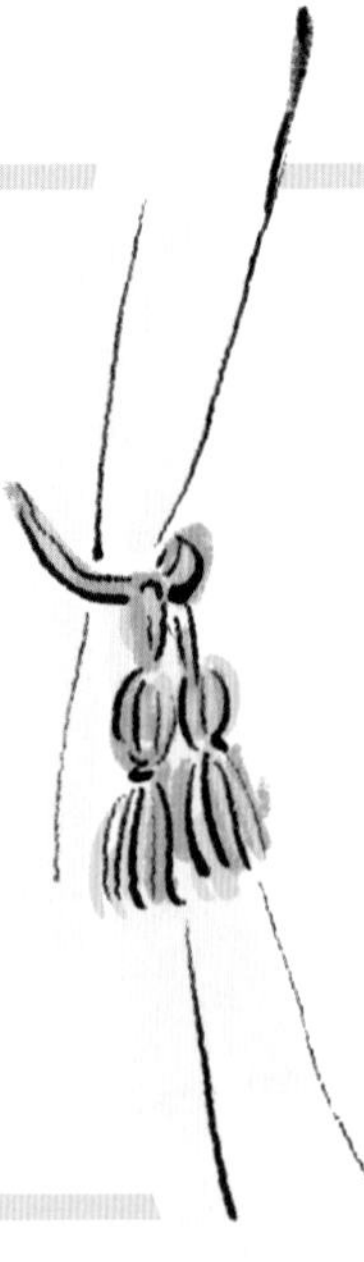

Scene 2

部屋が散らかっているときには、黄色がアクセントになった収納ボックスを使ってみましょう。散らかったものを一時的にでもボックスに入れて蓋をしてしまえば、スッキリと仕事に取り掛かれます。

Scene 3

秋には金木犀を飾って、色と香りを堪能したいですね。市販されている香水やルームフレグランスでももちろんよいですが、せっかく過ごしやすい季節なので、金木犀の木を探しに出かけましょう。

まわりの人に優しく
なりたいときには、
ピンクとミルクティー色で
穏やかに

日々仕事に追われ、家事に追われ、気づけば1日が終わっていた……こんな日はたくさんありますよね。ＴＯＤＯリストを半分も消化できないなんて日も。

余裕がなくなると、いつもはできるはずの気くばりもできず、ついぶっきらぼうな対応をしてしまうこともあるかもしれません。そんなときには、まずは自分に対して労りの心を持つことで、まわりの人にも優しくできるはずです。

日本には優しい色がたくさんあります。中でもピンク色は、心を穏やかに見守ってくれる母のような色です。子宮の色と言われているくらいに、つらいことや悲しいことでしょんぼりしているとき、そっと寄り添ってくれる優しさがあります。こうした大地のような心の広さと、心優しい母のような優美さを感じさせるピンクこそ、人に優しくなれる色と言ってもいいのではないでしょうか。

もう一色、ミルクティー色もおすすめです。包容力や落ち着きを感じる明るい茶色に、ミルクの白が混ざって薄くなっている色。ベージュはぬくぬくと、のんびりリラックスさせてくれる色なので、自分も相手もゆるませてくれます。

身につける

ちょっとした気くばりをしてもらったり、あたたかい言葉をかけてもらったりすると、「余裕があって素敵だなあ」と嬉しくなりますよね。忙しくて気くばりができていなかったことに気づいたら、ピンクやミルクティー色をささっと身につけて、優しい気持ちを取り戻しましょう。

Scene 1

お財布や名刺入れといった皮小物をミルクティー色のものにしてみましょう。誰かといるときに使うものの色に気をくばると、優しい空間をつくる手助けになります。

Scene 2

ストールなどの巻物は、着脱も手軽で面積も広いので、身につける色をさっと変えるのに便利です。このときに使うピンクは、淡い色味の、幼さがないものを選びましょう。

Scene 3

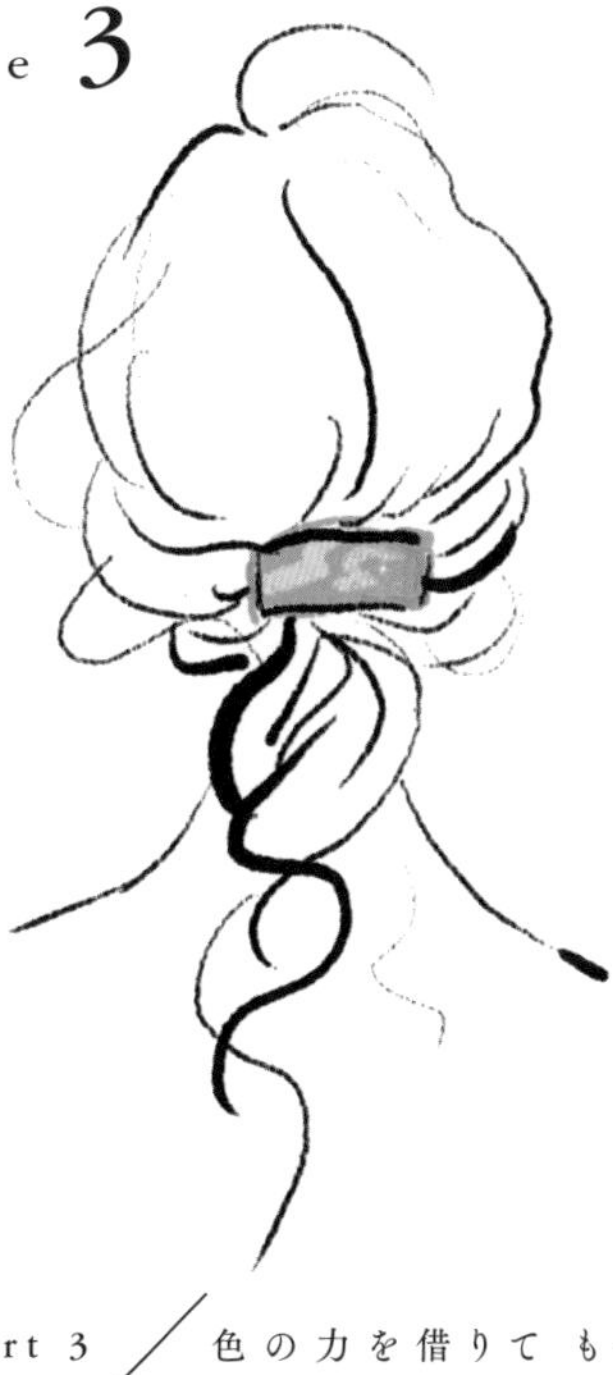

「今すぐ優しい気持ちになりたい！」というときには、ミルクティー色のヘアアクセサリーで髪をまとめてみてください。思い切ってヘアカラーにミルクティー色を入れても、より優しい雰囲気になります。

食べる

家族や友人など、大切な人と食事をするときにやわらかい雰囲気にしてくれるのがピンク色です。ちょっと和風のくすんだピンクなら、幼さやかわいらしさも控えめなので相手を選ばずに使えます。まわりの人を思いやる気持ちが、人生を豊かなものにしてくれます。

Scene 1

お裾分けや手土産を差し上げるときに、ピンクの風呂敷に包んでみましょう。紙包装より、風呂敷で差し上げたほうが、再利用もできて日本人らしいおもてなしの心が伝わります。

Scene 2

モンブランと紅茶でほっこり優しげなティータイムを。春の季節には桜をあしらったスイーツや桜ラテにしてもいいですね。

Scene 3

家族に優しくなりたいときこそ、ピンク色の器を使いましょう。緑がきれいに見える器なので、ほうれん草やそら豆など季節の野菜の副菜を盛りつければ、家族も癒されます。

場所を整える

ミルクティー色のインテリア雑貨やファブリックは、数多く出されていて入手しやすいアイテムです。リラックス感を高めるために、「あたたかさ」「優しさ」を感じるものを選んで取り入れてくださいね。

Scene 1

ハンドタオルをミルクティー色にすると、手を洗うたびに人に対する優しい気持ちを取り戻せます。自宅はもちろん、オフィスで使うのにもおすすめの色です。

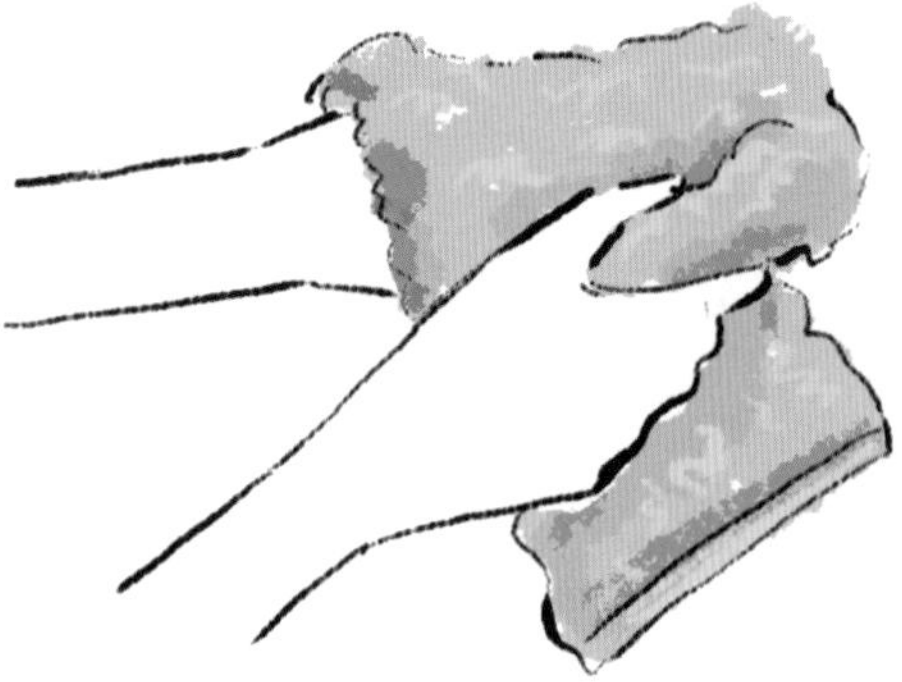

Scene 2

淡いピンクの小さめのお花を食卓に飾ってみましょう。スイートピーやカーネーションなど、お花屋さんで自分が一番ピンときたものを選んでください。選んでいるときからピンクを感じるのが大切です！

Scene 3

家族相手だと、つい気を使わずに過ごしてしまいがち。ミルクティー色のラグマットをアクセントにして、優しさを思い出せるリビングをつくりましょう。丸いものだとより一層やわらかい気持ちになります。

信頼されたい場面では、
紺色で潔く

仕事をしていると、ふとしたときにトラブルに見舞われることがあります。スムーズにことが進むよう慎重に取り組んでいても、ちょっとしたことで問題が生じるのが仕事というものです。

だからこそ、信頼関係は欠かせません。長年コンサルティングをしていると、外見で誤解を招き、信頼を失ってしまっていた方を大勢見てきました。見た目こそ、努力次第でいくらでも変えることができます。

大事な商談や上司とのミーティングなど、「好印象」より「信頼度」を高めていきたいときには、ぜひとも紺を上手に使ってみてください。紺は規律を守る、正義感のある色です。仕事のときには欠かせない色でもあります。

さらに慣れてきたら白も一緒に使ってみてください。ここでいう白は、雪のような真っ白です。アイロンのかかった白シャツが好印象なことを考えても白の効果は想像できますよね。紺のトップスに白のスカートや、紺のワンピースに白のヒールやバッグなど、紺を顔まわりに、白を手元や足元などに持ってくるといいですね。

身につける

ビジネスシーンでよく使われる紺色。ただし使い方を間違えると地味な印象を与えてしまいますので、デザインや素材にこだわったもので、差をつけるようにしてみてください。できれば、アイロンをかけてパリッとさせると、より一層信頼感がアップします。

Scene 1

オフィシャルな場面では定番の紺のジャケットに真っ白なブラウス。ジャケットはツイードや麻など特徴のある素材を選べば、こなれ感が出ます。いくつか持っておくとマンネリも脱出できますよ。

Scene 2

紺一色だと顔色が悪く見えるので、顔のまわりに明るい色のスカーフやストールを巻いてみてください。お色を合わせるときには、太陽光の入る路面店など、明るいお店で選んでくださいね。

Scene 3

小物で取り入れるなら、紺の革ベルトの腕時計はいかがでしょうか。紺色の力を借りれば真面目に仕事に取り組めて信頼につながるので、メイン使いの腕時計としてもおすすめです。

食べる

汚れやくすみのない白い食器は、清潔感がある食卓をつくってくれます。たまには手入れをして、汚れを落としてくださいね。一般的な食器の色なので、少しくらい形や素材で遊んでも悪目立ちせず、おしゃれなテーブルになりますよ。

Scene 1

部下や同僚など、信頼関係を強化したい人と食事に行くときには、食器や内装など白を基調にしたお店を選びましょう。くつろぎすぎず、暗くならず、クリーンな雰囲気の中で話ができます。

Scene 2

オフィスで使うマグカップを、真っ白なものにしてみましょう。デスクに置いておけば自分の頭もスッキリしますし、まわりの人からもきちんと見えます。

Scene 3

信頼関係が必要なのは、仕事の場面とは限りませんよね。家族との絆を深めたければ、紺色が入ったお茶碗や箸置きを日常的に使ってみてください。どんな色にも相性がよく、使いやすいですよ。

場所を整える

紺と白のインテリアは落ち着きと清潔感がある、大人な印象になります。先ほどからお伝えしているとおり白は清潔感がある万能色ですが、インテリアに使用する場合は白一色では表情がなくのっぺりしがち。他の色とのバランスをみながら取り入れてください。

Scene 1

フレームが真っ白な姿見で、身だしなみをチェック。ちょっと緊張感が出る白を使うことで、外に出て人に会うための心の準備が整います。表情も自然によそ行きに。

Scene 2

ベッドリネンを白にしてホテルライクに。お部屋はパーソナルなところですが、きちんとベッドメイキングされたシーツで眠ると、自分への信頼感が増していきます。

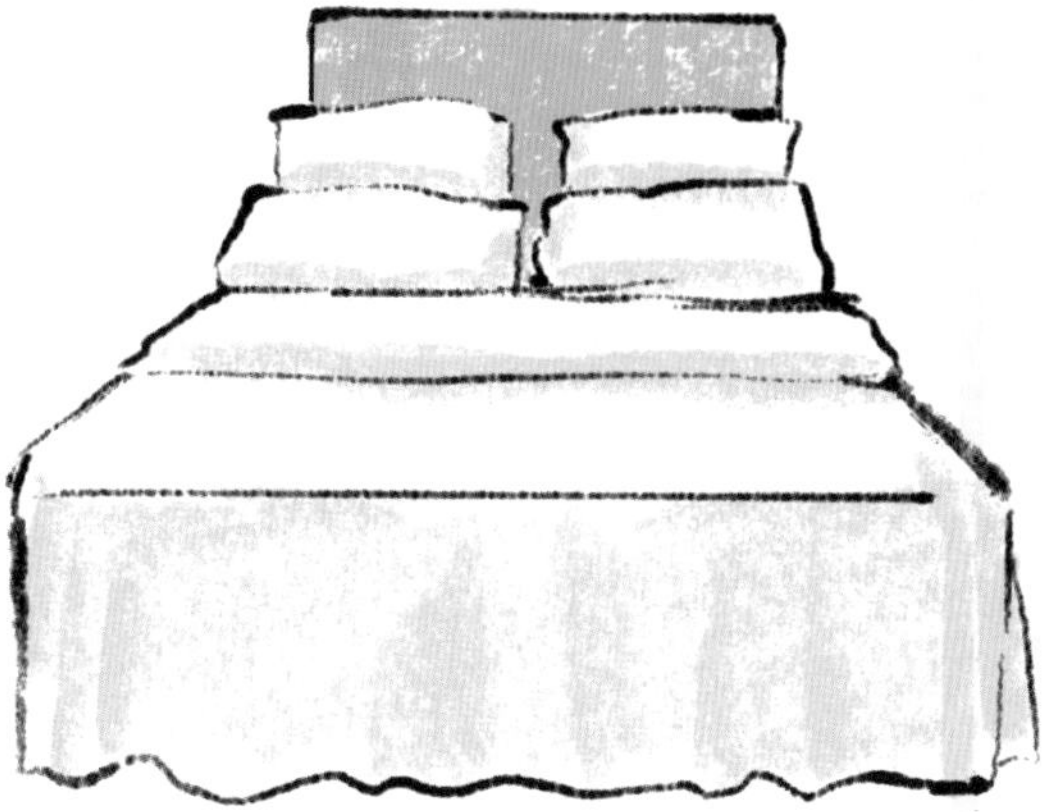

Scene 3

紺のパジャマやスリッパも素敵です。綿でも、シルクでも、お好きな素材の物を選んでください。紺は律する色ですが、やわらかい素材と組み合わせることで体が休まり、明日に備えることができます。

今よりもっと
キレイになるために、
トーン別ピンクを探求する

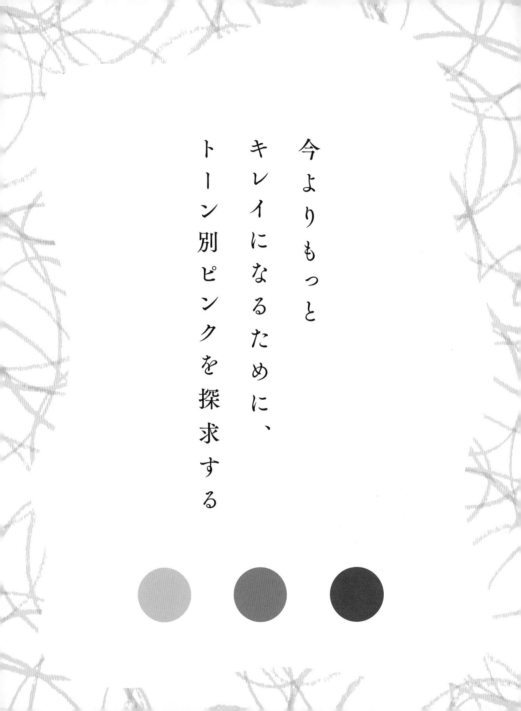

自分を磨き上げ、よりキレイにしていくことは、自分を大切にする行為。今よりキレイになりたい人は、ピンクとじっくり対話をしてみてください。なぜそのピンクがいいのか、今どんなピンクを求めているのかなど、自分の心とピンクへの気持ちを丁寧に重ねながら選んでもらいたいのです。

初めてパリに足を運んだとき、まず驚いたのはあちこちで見かけるピンクのバリエーションの多さでした。花屋さん、高級ブティック、美術館、さらにはカフェなど色んな場所で色んなピンクが微笑んでいるのです。甘い香りがしそうなペール調の淡いピンクから、触れただけでドキッとしてしまう艶っぽいピンクまで、それはそれは色幅が広いのです。フランスの色に対する美意識は、一つひとつ色に対して丁寧で、こだわりを持って選んでいるところからきているように感じます。

私はよく「色を丁寧に選ぼう」「色と丁寧に対話しよう」とお伝えしますが、美の追求は、優しくて包容力のあるピンクの丁寧な追求に比例するように思います。トーンや色味の違うピンクをいくつも目にしてください。たくさんのピンクの中から最も自分が素直になれるピンクを選ぶことができたら、そのときのあなたは自信に満ちあふれていることでしょう。

身につける

本書では、何度かピンクをおすすめしています。それは単にピンクと言っても、穏やかなピンクや色っぽいピンク、かわいらしいピンクやポップで楽しくなるようなピンク……と、たくさんの表情を持つ色だから。自分の目指す美しさに合うピンクが、きっと見つかるはずです。

Scene 1

淡いピンクから濃いピンクまで、家中のピンクのコスメを集めて、今の自分がいちばん好きな色を見つけ出しましょう。もし似た色ばかりでピンとこなければ、新しいピンクを買いに行くチャンスです。

Scene 2

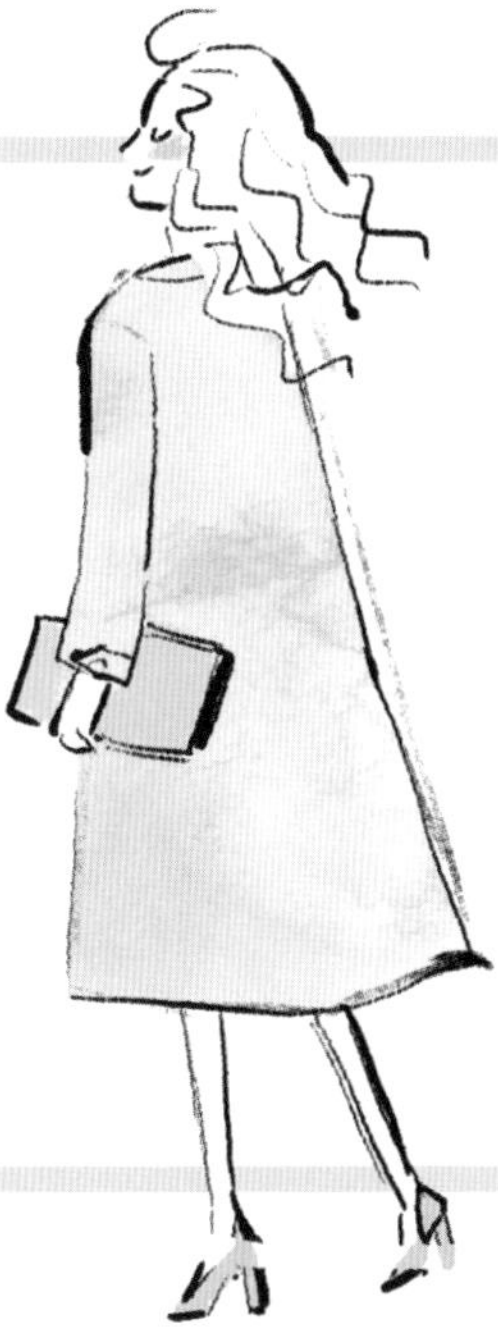

桜色のスプリングコートをさっと羽織って、洋服を見にいきましょう。きっと今よりもっと自分の魅力を引き出してくれるようなアイテムに出合えます。

Scene 3

ピンクの下着をつけて、自分の身体と向き合って。淡い色のピンクでももちろんよいですが、美を強くイメージできる、青みがかった濃いピンク色にも挑戦してみてください。

食べる

ピンクは女性ホルモンの分泌が促される色。美容や健康にいい食材を食べるときには器をピンクのものにするなど、食事そのものだけではなくテーブルコーディネートでも色の効果を感じ取りながら食べてみてください。

Scene 1

女性ホルモンの分泌をアップさせるようなサプリメントをプラスしましょう。もともとの袋や容器に入れっぱなしではなく、ピンクのピルケースに入れると気持ちが上がります。

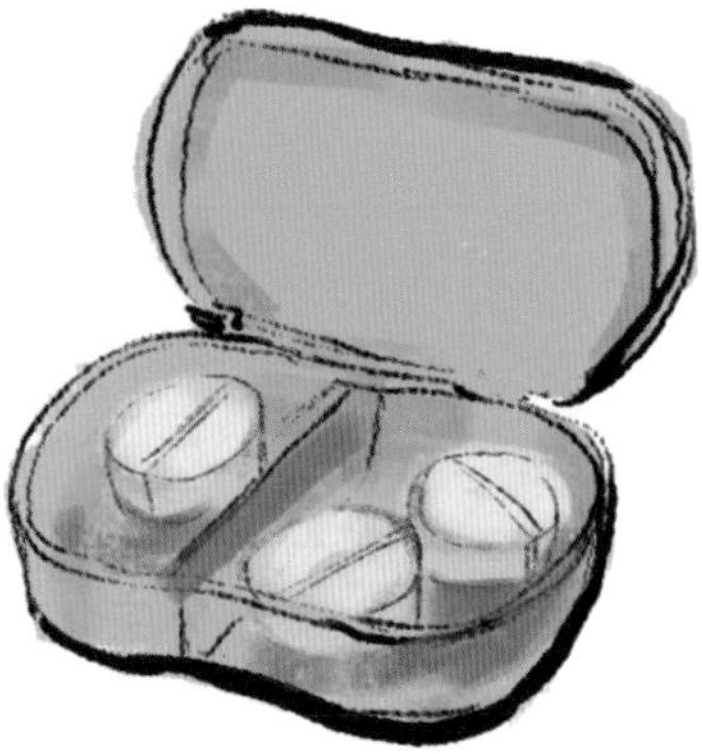

Scene 2

ピンクのガラスの器でフルーツをたっぷり。キウイやリンゴ、グレープフルーツなど、ビタミンCが多く含まれる果物を選ぶとなおいいですね。

Scene 3

ハイビスカスティーは色も楽しめるハーブティー。ガラスのポットとマグで、色が出る過程をゆっくり楽しみましょう。ビタミンCは美容に、カリウムはむくみに効果が期待できます。

場所を整える

ファッションでは性別関係なくピンクを身につける人が増えていますが、インテリアはまだ抵抗がある方も。一緒に暮らす人がいるなら、落ち着いたトーンのものを選んだり、小物などのアクセントとして取り入れましょう。

Scene 1

ピンクのルームディフューザーでお部屋の香りもピンク色に。こだわりがあってインテリアのイメージまでは変えたくないという方も、香りであれば変化を楽しめます。

Scene 2

メイクやスキンケアをする洗面所に、ピンクのバラを飾りましょう。汚れやすい場所だからこそ、お花を飾ることで綺麗な状態をキープしたくなる効果もあります。

Scene 3

もこもこしたピンクのスリッパや部屋着で、お部屋時間を心地よく。どちらも直接肌に触れるもの。自分が気持ちいいと感じる肌触りの素材を吟味することが、自分を愛することにつながります。

ワンランク上の自分に
なりたいなら、
品格を醸し出す
ロイヤルブルー

品格というのは年齢に関係なく身につけたい美しさのひとつです。おばあちゃんになってもおしゃれな風貌で綺麗にしている人を見かけると「私もあんな風に年を取りたいな」と思います。ロイヤルブルーのワンピースを着て、お揃いのブルーのハットをかぶっていたら、まるでイギリスのエリザベス女王のような品格を感じることでしょう。ブルーの中でもロイヤルブルーはとても高貴な色で、そこに佇んでいるだけで見ている側は背筋がピンと伸びてしまいます。それくらいノーブルで成熟した、品のある色をしています。

街でつい目で追いかけてしまう素敵な人はご高齢の方だけではありません。ホワイトデニムにロイヤルブルーのセーターをさらっと着ていたり、真っ白なスーツにロイヤルブルーのスカーフを巻いていたりと、同年代の方にもいらっしゃいます。

そういった素敵な人は、皆決まって「自分スタイル」を持っているのが特徴です。ロイヤルブルーには、どこかそんな「自分スタイルのある雰囲気」を醸し出し、さらにその人の魅力を何倍にも高めてしまう力があります。品のある颯爽とした姿を追い求めている人は、ぜひロイヤルブルーを取り入れてみてください。

身につける

濃い鮮やかな青、ロイヤルブルーは、イギリス王室の公式カラー。身につけていると自然と高貴な気持ちになれる、特別な色です。緊張してしまうような格式高い場所へ行くときに身につけると、心強いですよ。

Scene 1

品のある筆記用具といえば、万年筆。ロイヤルブルーの万年筆を使うと、自然と背筋も伸びますよ。インクの色も多様なので、自分好みの「青」を見つけてみてください。

Scene 2

ロイヤルブルーは比較的お洋服でも取り入れやすいですが、おすすめはシルクのキャミソール。どんな場面でも「私は密かに素敵なものを身につけている」ことが、自分を強く、誇り高くしてくれます。

Scene 3

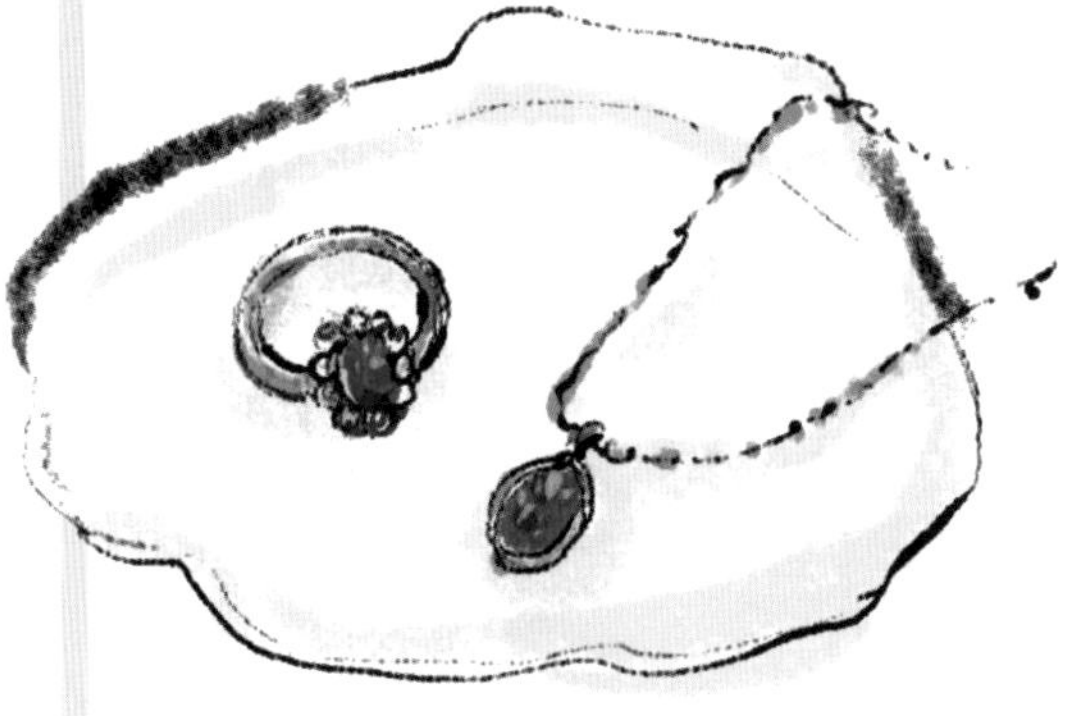

とっておきの場面では、深い青が輝くサファイアの指輪やネックレスを。宝石言葉は「誠実」「慈愛」。揺るぎない心を象徴するこの石は、確実に自分をランクアップしてくれます。

食べる

エレガントなデザインのものが多いロイヤルブルーの食器類。日々の献立に合わないようなら、瑠璃色や群青色など、色味が近い日本の伝統色が使われた食器でも、深みがあって素敵です。お気に入りの作家さんを探してみるのも楽しいですよ。

Scene 1

ティータイムは、ロイヤルブルーの模様が入ったティーカップとケーキ皿で。中でもデンマーク王室御用達の陶磁器ブランド・ロイヤルコペンハーゲンは、優雅な時間を演出してくれます。

Scene 2

青いお皿は、海外メーカーだけのものではありません。和食器にも多くみられる青絵のお皿は、普段使いにもぴったりです。少し余白を残して盛り付ければ、雅な食事を楽しめます。

Scene 3

深い青を食材で取り入れるなら、ナス料理がおすすめです。和洋中どれでも相性がよい食材ですし、色の淡い献立のときにもテーブルを引き締めてくれる存在です。

場所を整える

少し部屋に加えるだけで、優雅な雰囲気にしてくれるロイヤルブルー。鮮やかなこの色は、素材やデザインによってはチープな印象になってしまうので注意が必要です。できれば実際に見たり触ったりして、自分のランクを上げてくれそうか、確認して選んでください。

Scene 1

ロイヤルブルーのラグマットをリビングに。単色では主張が強くてお部屋に馴染まない場合は、柄として入っているものでも大丈夫です。エレガントな柄のものを探してみてください。

Scene 2

お風呂上がりには、ロイヤルブルーがあしらわれたバスローブで上品に。リラックスしたパーソナルな時間だからこそ、質のいいもので自分を包んであげましょう。

Scene 3

リンドウやデルフィニウムなど、ブルーのお花を飾りましょう。花瓶自体にブルーのリボンをかけたり、花瓶の下にクロスを敷いたりしても、優雅なアクセントになります。

おわりに

日本には、素晴らしい色がたくさんあります。その名前や由来も奥深く、知れば知るほど色の世界に魅了されていきます。美しい名前を持つ色や儚さを感じさせる色など、とても数えきれません。

本文の中でも触れましたが、例えば青。瑠璃色や群青色、紺碧色など、青ひとつとっても、ひとくくりにすることは難しく、完全に同じ青など、世界中どこを探しても見つかりません。見た目は似ていても、ほんの少しだけ薄かったり、ちょっとだけ鮮明だったりと、細かく見ていくと微妙な違いがあります。それが色の楽しいところであり、個性なのです。まるでダイヤモンドのようですね。

私は色に出合って、色に興味を持ち出し、色のある暮らしを35年以上過ごしています。色からたくさんのことを教わってきました。

まずは「美」と色との関係です。自分が歳を重ねていくたびに、綺麗なものには綺麗な色がついていることを実感します。そして美しいものに憧れ、色への探求が始まるきっかけにもなりました。

次に「食」と色です。毎日何気なく口にしている食事も、驚くほど色であふれかえっています。そのことに気づいたとき、食の世界ほど、美しい色の世界はないなと感じたものでした。

そして最後に「住」と色です。自分の家や部屋を持てるようになると、そこで初めて、自分の好きな、自分がごきげんでいられる色を選ぶようになっていきました。ベッドリネンやクッションカバーなど、触って気持ちがよい、ふかふかしたものの色から変えていくうちに、自分の居場所の愛しさが増していき、住環境における色選びの大切さを実感しました。心地よい色に囲まれていると、素材がより気持ちよく感じるものです。これも色が与えてくれるスペシャルな効果だなと思います。

本書では、タイトル通り「自分の機嫌は色でとることができる」ことをお伝えしてきましたが、この一文にはもうひとつ大事なメッセージを込めています。
それは「自分で色を選ぶということが、いかに大切か」ということです。どんなに機嫌が悪くても、自分で自分をコントロールできれば、いつもごきげんでいられます。そのツールのひとつとして「色」があります。ふだんから自分で色を選ぶことができると、何気ないモヤモヤも、少しずつ薄れていくのです。

つまり「自分で考えていく」ことこそが「個性＝あなたのカラー」を表現するものなのです。誰かの意思で、誰かの顔色を伺って色を選んでいくことは、どんなに素敵なシチュエーションでも、どんなに綺麗な装いでも、ごきげんにはなりにくいのです。心から笑って、心から楽しんで、今はちょっと自己中なくらいが心地よい世の中になってきています。

数十年前と比較してみると、今は「個」の表現が容易にできる時代。色をめぐる観点からみても、流通している商品に色幅が少なかった時代から、色とりどり選べる時代に移っていきました。わざわざ輸入したものから探さなくても、素敵な色は見つかります。それはすごく幸せなことなのに、誰かの価値観に縛られて「決められない」「選べない」という人たちが増えてきてしまっているようにも感じます。

自分らしく生きていくためにも、「色を選べる自由」をみなさん自身で取り戻してください。もっとわがままになって、自分がごきげんでいられる色をたくさん感じてみてください。ちょっと落ち込んだときには、この本を開いて、目からも心からも色を感じて、色からたくさん勇気をもらってください。そしてこれからの生活に、自分なりの色を楽しむ習慣、「色習慣®」を取り込んで、自分だけの人生を謳歌してもらえたら嬉しいです。応援しています。

最後に、前作の『いろ習慣®』を読んで、私に連絡をくださったディスカヴァー・トゥエンティワン編集部の安永姫菜さん。素晴らしい本を作成してくださり、本当にありがとうございました。そして最後まで読んでくださった読者のみなさん。この本を通してお会いできたこと、心から感謝申し上げます。ありがとうございました。

自分の機嫌は「色」でとる

Change your mood with colors

発行日　2021年9月20日　第1刷
　　　　2021年10月18日　第2刷

Author　七江亜紀
Illustrator　Nozomi Yuasa
Book Designer　岩永香穂（MOAI）

Publication　株式会社ディスカヴァー・トゥエンティワン
〒102-0093　東京都千代田区平河町2-16-1 平河町森タワー11F
TEL　03-3237-8321（代表）03-3237-8345（営業）
FAX　03-3237-8323
https://d21.co.jp/

Publisher　谷口奈緒美
Editor　大竹朝子 安永姫菜

Store Sales Company
伊東佑真　榊原僚　佐藤昌幸　古矢薫　安永智洋　青木翔平　青木涼馬　井筒浩　小田木もも　越智佳南子　小山怜那　川本寛子　佐竹祐哉　佐藤淳基　佐々木玲奈　副島杏南　高橋雛乃　滝口景太郎　竹内大貴　辰巳佳衣　津野主揮　野村美空　羽地夕夏　廣内悠理　松ノ下直輝　宮田有利子　山中麻吏　井澤徳子　石橋佐知子　伊藤香　葛目美枝子　鈴木洋子　畑野衣見　藤井かおり　藤井多穂子　町田加奈子

EPublishing Company
三輪真也　小田孝文　飯田智樹　川島理　中島俊平　松原史与志　磯部隆　大崎双葉　岡本雄太郎　越野志絵良　斎藤悠人　庄司知世　中西花　西川なつか　野﨑竜海　野中保奈美　三角真穂　八木眸　高原未来子　中澤泰宏　俵敬子

Product Company
大山聡子　小関勝則　千葉正幸　原典宏　藤田浩芳　榎本明日香　倉田華　志摩麻衣　谷中卓　橋本莉奈　牧野類　三谷祐一　元木優子　渡辺基志　安達正　小石亜季

Business Solution Company
蛯原昇　早水真吾　志摩晃司　野村美紀　林秀樹　南健一　村尾純司

Corporate Design Group
森谷真一　大星多聞　堀部直人　村松伸哉　井上竜之介　王廳　奥田千晶　佐藤サラ圭　杉田彰子　田中亜紀　福永友紀　山田諭志　池田望　石光まゆ子　齋藤朋子　竹村あゆみ　福田章平　丸山香織　宮崎陽子　阿知波淳平　伊藤花笑　岩城萌花　岩淵瞭　内堀瑞穂　遠藤文香　大野真里菜　大場美範　小田日和　金子瑞実　河北美汐　吉川由莉　菊地美恵　工藤奈津子　黒野有花　小林雅治　坂上めぐみ　佐瀬遥香　鈴木あさひ　関紗也乃　高田彩菜　瀧山響子　田澤愛実　巽菜香　田中真悠　田山礼真　玉井里奈　鶴岡蒼也　道玄萌　富永啓　中島魁星　永田健太　夏山千穂　平池輝　星明里　峯岸美有　森脇隆登

Proofreader　文字工房燦光
DTP　株式会社RUHIA
Printing　シナノ印刷株式会社

https://d21.co.jp/inquiry/
ISBN978-4-7993-2779-1